쓰기가 문해력이다

P단계

예비 초등 ~ 초등 1학년 권장

KB218002

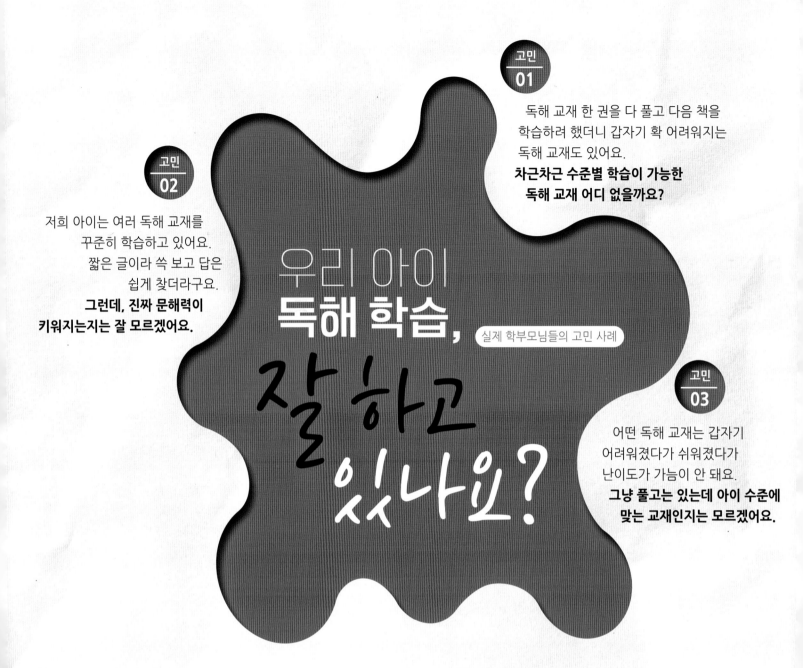

고민 01

독해 교재 한 권을 다 풀고 다음 책을 학습하려 했더니 갑자기 확 어려워지는 독해 교재도 있어요.
차근차근 수준별 학습이 가능한 독해 교재 어디 없을까요?

고민 02

저희 아이는 여러 독해 교재를 꾸준히 학습하고 있어요. 짧은 글이라 쓱 보고 답은 쉽게 찾더라구요.
그런데, 진짜 문해력이 키워지는지는 잘 모르겠어요.

우리 아이
독해 학습,
잘하고
있나요?

실제 학부모님들의 고민 사례

고민 03

어떤 독해 교재는 갑자기 어려워졌다가 쉬워졌다가 난이도가 가늠이 안 돼요.
그냥 풀고는 있는데 아이 수준에 맞는 교재인지는 모르겠어요.

국어 독해, 이제
**특허받은 ERI로
해결**하세요!

EBS · 전국 문해력 전문가 · 이화여대 산학협력단이 공동 개발한 과학적 독해 지수 'ERI 지수' 최초 적용! 진짜 수준별 독해 학습을 만나 보세요.

* ERI(EBS Reading Index) 지수는 글의 수준을 체계화한 수치로, 글의 난이도를 낱말, 문장, 배경지식 수준에 따라 산출하였습니다.

당신의 문해력
ERI 독해가
문해력
이다

3단계 기본/심화
초등 3~4학년 권장

4단계 기본/심화
초등 4~5학년 권장

5단계 기본/심화
초등 5~6학년 권장

6단계 기본/심화
초등 6학년~
중학 1학년 권장

7단계 기본/심화
중학 1~2학년 권장

쓰기가 문해력이다

P단계

예비 초등 ~ 초등 1학년 권장

자신의 생각을 글로 표현하지 못하는 우리 아이?
평생을 살아가는 힘, '문해력'을 키워 주세요!

'쓰기가 문해력이다'

쓰기 학습으로 문해력 키우기

1 읽고 말한 내용을 글로 표현하는
쓰기 학습이 가능합니다.

단순히 많은 글을 읽고 문제를 푸는 것만으로는 쓰기 능력이 늘지 않습니다.
머릿속에 있는 어휘 능력, 독해 능력을 활용하여 내 생각을 글로 표현할 수 있도록
'생각 모으기 → 생각 정리하기 → 글로 써 보기'로 구성하였습니다.

2 대상 학년에 맞게 수준에 맞춰
단계별로 구성하였습니다.

학년별 수준에 따라 체계적인 글쓰기 학습이 가능하도록 저학년 대상 낱말 쓰기 단계부터 고학년 대상 한 편의 글쓰기 단계까지
수준별 글쓰기에 맞춰 '낱말 → 어구 → 문장 → 문단 → 글'의 단계별로 구성하였습니다.

3 단계별 5회×4주 학습으로 부담 없이
다양한 글쓰기 훈련이 가능합니다.

1주 5회의 학습 분량으로 글쓰기에 대한 부담 없이 학습할 수 있도록 커리큘럼을 세분화해서 회별 집중 글쓰기
학습이 되도록 구성하였습니다.
글 쓰는 방법을 자연스럽게 익힐 수 있도록 '어떻게 쓸까요'에서 따라 쓰면서 배운 내용을 '이렇게 써 봐요'에서
직접 써 보면서 글쓰기 방법을 익히도록 구성하였습니다.

4 글의 종류에 따른 구성 요소를 한눈에 알아보도록 디자인화해서
체계적인 글쓰기 학습이 가능합니다.

글의 종류에 따라 글의 구조에 맞게 디자인 구성을 달리하여 시각적으로도 글의 구성을 한눈에 파악할 수 있도록
하여 글쓰기를 쉽고 재미있게 학습하도록 구성하였습니다.

5 상황에 맞는 어휘 활용으로
글쓰기 능력을 향상시킬 수 있습니다.

글쓰기에 필요한 기본 어휘 활용 능력을 향상시킬 수 있도록 부록 구성을 하였습니다.
단계별로 낱말카드, 반대말, 틀리기 쉬운 말, 순우리말, 동음이의어, 속담. 관용표현, 사자성어 등을 상황 설명과
함께 삽화로 구성하여 글쓰기 능력의 깊이와 넓이를 동시에 키워 줍니다.

EBS 〈당신의 문해력〉 교재 시리즈는 약속합니다.

교과서를 잘 읽고 더 나아가 많은 책과 온갖 글을 읽는 능력을 갖출 수 있도록
문해력을 이루는 핵심 분야별, 학습 단계별 교재를 준비하였습니다.
한 권 5회×4주 학습으로 아이의 공부하는 힘, 평생을 살아가는 힘을 EBS와 함께 키울 수 있습니다.

어휘가 문해력이다

어휘 실력이 교과서를 읽고 이해할 수 있는지를 결정하는 척도입니다.
〈어휘가 문해력이다〉는 교과서 진도를 나가기 전에 꼭 예습해야 하는 교재입니다.
20일이면 한 학기 교과서 필수 어휘를 완성할 수 있습니다.
교과서 수록 필수 어휘들을 교과서 진도에 맞춰
날짜별, 과목별로 공부하세요.

쓰기가 문해력이다

쓰기는 자기 생각을 표현하는 미래 역량입니다.
서술형, 논술형 평가의 비중은 점점 커지고 있습니다.
객관식과 단답형만으로는 아이들의 생각과 미래를 살펴볼 수 없기 때문입니다.
막막한 쓰기 공부. 이제 단어와 문장부터 하나씩 써 보며 차근차근 학습하는
〈쓰기가 문해력이다〉와 함께 쓰기 지구력을 키워 보세요.

ERI 독해가 문해력이다

독해를 잘하려면 체계적이고 객관적인 단계별 공부가 필수입니다.
기계적으로 읽고 문제만 푸는 독해 학습은 체격만 키우고 체력은 미달인 아이를 만듭니다.
〈ERI 독해가 문해력이다〉는 특허받은 독해 지수 산출 프로그램을 적용하여 글의 난이도를
체계화하였습니다.
단어·문장·배경지식 수준에 따라 설계된 단계별 독해 학습을 시작하세요.

배경지식이 문해력이다

배경지식은 문해력의 중요한 뿌리입니다.
하루 두 장, 교과서의 핵심 개념을 글과 재미있는 삽화로 익히고 한눈에 정리할 수 있습니다.
시간이 부족하여 다양한 책을 읽지 못하더라도 교과서의 중요 지식만큼은 놓치지 않도록
〈배경지식이 문해력이다〉로 학습하세요.

디지털독해가 문해력이다

디지털독해력은 다양한 디지털 매체 속 정보를 읽어 내는 힘입니다.
아이들이 접하는 디지털 매체는 매일 수많은 정보를 만들어 내기 때문에
디지털 매체의 정보를 판단하는 문해력은 현대 사회의 필수 능력입니다.
〈디지털독해가 문해력이다〉로 교과서 내용을 중심으로 디지털 매체 속 정보를 확인하고
다양한 과제를 해결해 보세요.

쓰기가 문해력이다로
자신 있게 내 생각을 표현하도록 쓰기 능력을 키워 주세요!

〈쓰기가 문해력이다〉는 글쓰기 능력을 향상시킬 수 있는 단계별 글쓰기 교재로, 학습자들에게 글쓰기가 어렵지 않다는 인식이 생기도록 체계적으로 글쓰기 학습을 유도합니다.

"맞춤법에 맞는 낱말 쓰기 연습이 필요해요."
"쉽고 재미있게 써 보는 교재가 좋아요."
"완성된 문장을 쓸 수 있는 비법을 알았으면 좋겠어요."
"생각을 표현하는 데 도움이 되는 글쓰기 교재가 필요해요."
"한 편의 완성된 글쓰기를 체계적으로 쓸 수 있는 교재면 좋겠어요."
"글의 종류에 따른 특징을 알고 쓰는 방법을 익힐 수 있는 교재가 필요해요."

P단계

1주차	자음자와 모음자가 만나 만든 글자
2주차	받침이 없거나 쉬운 받침이 있는 낱말
3주차	받침이 있는 낱말과 두 낱말을 합하여 만든 낱말
4주차	주제별 관련 낱말

1단계

1주차	내가 자주 사용하는 낱말 1
2주차	내가 자주 사용하는 낱말 2
3주차	헷갈리는 낱말과 꾸며 주는 낱말
4주차	바르게 써야 하는 낱말

2단계

1주차	간단한 문장
2주차	자세히 꾸며 쓴 문장
3주차	소개하는 글과 그림일기
4주차	다양한 종류의 쪽지글

3단계

1주차	다양하게 표현한 문장
2주차	사실과 생각을 표현한 문장
3주차	다양한 종류의 편지글
4주차	다양한 형식의 독서 카드

P~1 단계	2~3 단계	4~7 단계
기초 어휘력 다지기 단계	**문장력, 문단 구성력 학습 단계**	**글쓰기 능력 향상 단계**
낱말 중심의 글씨 쓰기 도전	문장에서 문단으로 글쓰기 실전 도전	글의 구조에 맞춰 글쓰기 도전

4 단계

1주차	생활문
2주차	독서 감상문
3주차	설명문
4주차	생활 속 다양한 종류의 글

5 단계

1주차	다양한 종류의 글 1
2주차	다양한 종류의 글 2
3주차	의견을 나타내는 글
4주차	형식을 바꾸어 쓴 글

6 단계

1주차	대상에 알맞은 방법으로 쓴 설명문
2주차	다양한 형식의 문학적인 글
3주차	매체를 활용한 글
4주차	주장이 담긴 글

7 단계

1주차	논설문
2주차	발표문
3주차	다양한 형식의 자서전
4주차	다양한 형식의 독후감

이책의 구성과 특징

무엇을 쓸까요

주차별 학습 내용을 한눈에 볼 수 있도록 학습 내용을 알아보기 쉽게 그림과 함께 꾸몄습니다.

1주 동안 배울 내용을 삽화와 글로 표현하여 학습 내용에 대해 미리 엿볼 수 있도록 하였습니다.

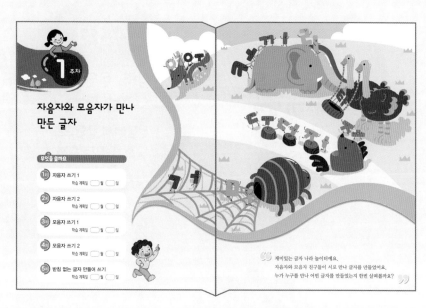

어떻게 쓸까요

글자 쓰기의 방법을 알려 주는 단계로, 자음자, 모음자를 익히고, **글자의 짜임**을 학습합니다. 부분부분을 따라 써 보면서 글자와 낱말까지 자연스럽게 익혀 보는 코너입니다.

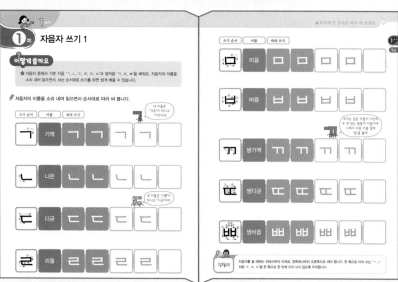

이렇게 써 봐요

'**어떻게 쓸까요**'에서 배운 쓰기 단계에 맞춰 **쓰기**를 본격적으로 해 보는 **직접 써 보기 단계**입니다.

'어떻게 쓸까요'에서 배운 쓰기 방법대로 따라 쓰기를 해 보는 디자인으로 구성하여 바르게 글자 쓰기에서 낱말 쓰기로 자연스럽게 나아갈 수 있도록 하였습니다.

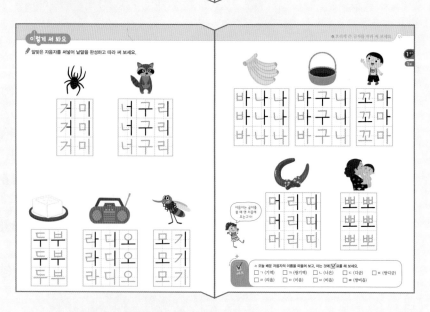

아하~ 알았어요

1주 동안 배운 내용을 문제 형식으로 풀어 보도록 구성한 **확인 학습 코너**입니다. 내용에 맞는 다양한 형식으로 제시하여 부담 없이 문제를 풀어 보도록 구성하였습니다.

참 잘했어요

1주 동안 배운 내용과 연계해서 **놀이 형식**으로 꾸민 코너입니다. **창의. 융합 교육을 활용**한 놀이마당 형식으로, 그림을 활용하고 퀴즈 등 다양한 형식으로 구성하여 재미있고 즐거운 마무리 학습이 되도록 하였습니다.

더 알아 두면
좋은 내용이라서 글쓰기에
도움을 주는구나!

혼자서도 자신 있게
한 편의 글을 완성할 수 있다는
것을 알게 해 주네!

부록

각 단계별로 본 책과 연계하여 **더 알아 두면 유익한 내용을** 사진, 삽화와 함께 구성하였습니다.

정답과 해설

'이렇게 써 봐요' 단계의 예시 답안을 실어 주어 '어떻게 쓸까요'와 함께 다시 한번 완성된 글자들을 읽어 봄으로써 **반복 학습 효과**가 나도록 하였습니다.

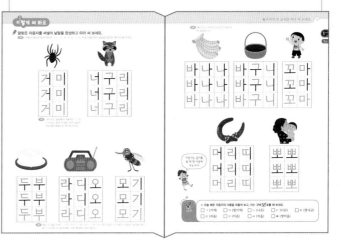

이 책의 차례

3주차

받침 있는 낱말과 두 낱말을 합하여 만든 낱말

4주차

주제별 관련 낱말

1주차

자음자와 모음자가 만나 만든 글자

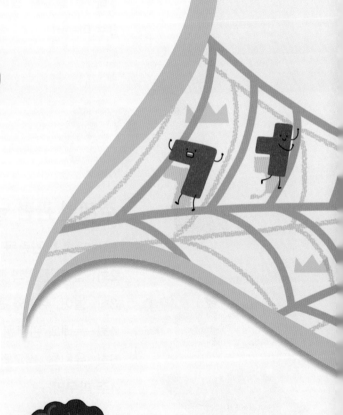

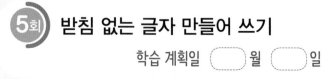

무엇을 쏠까요

　　재미있는 글자 나라 놀이터예요.
자음자와 모음자 친구들이 서로 만나 글자를 만들었어요.
누가 누구를 만나 어떤 글자를 만들었는지 한번 살펴볼까요?

1회 자음자 쓰기 1

1 주차

어떻게 쓸까요

☆ 자음자 중에서 기본 자음 'ㄱ, ㄴ, ㄷ, ㄹ, ㅁ, ㅂ'과 쌍자음 'ㄲ, ㄸ, ㅃ'을 배워요. 자음자의 이름을 소리 내어 읽으면서, 쓰는 순서대로 쓰기를 하면 쉽게 배울 수 있습니다.

✏️ 자음자의 이름을 소리 내어 읽으면서 순서대로 따라 써 봅니다.

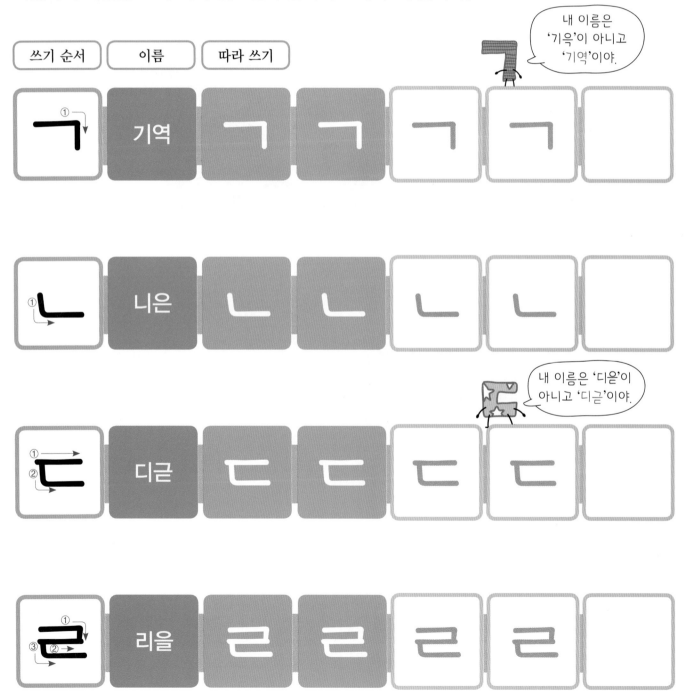

쓰기 순서　　이름　　따라 쓰기

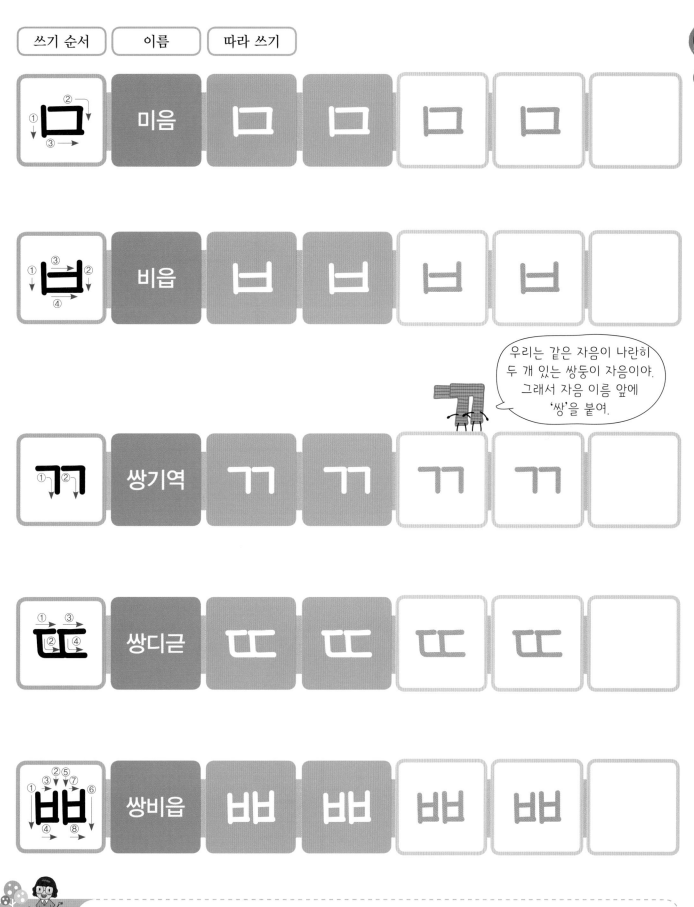

미음

비읍

우리는 같은 자음이 나란히 두 개 있는 쌍둥이 자음이야. 그래서 자음 이름 앞에 '쌍'을 붙여.

쌍기역

쌍디귿

쌍비읍

길잡이　자음자를 쓸 때에는 위에서부터 아래로, 왼쪽에서부터 오른쪽으로 써야 합니다. 한 획으로 이어 쓰는 'ㄱ, ㄴ' 처럼 'ㄷ, ㄹ, ㅁ'을 한 획으로 한 번에 이어 쓰지 않도록 주의합니다.

✏️ 알맞은 자음자를 써넣어 낱말을 완성하고 따라 써 보세요.

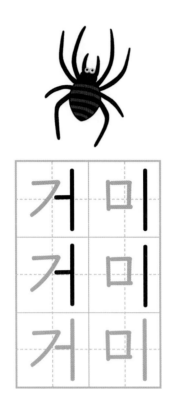

거	미
거	미
거	미

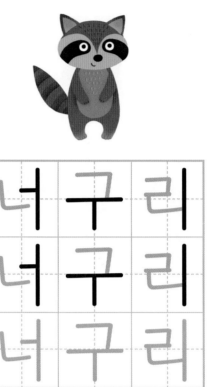

너	구	리
너	구	리
너	구	리

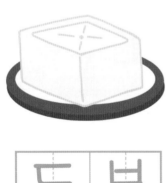
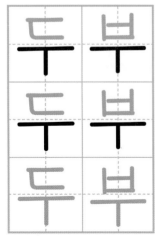

두	부
두	부
두	부

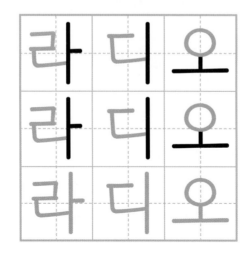

라	디	오
라	디	오
라	디	오

모	기
모	기
모	기

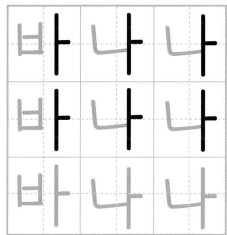

바나나
바나나
바나나

바구니
바구니
바구니

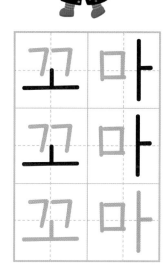

꼬마
꼬마
꼬마

자음자는 글자를 쓸 때 맨 처음에 오는구나!

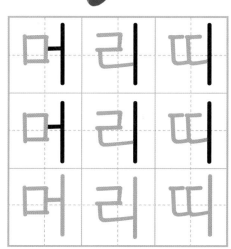

머리띠
머리띠
머리띠

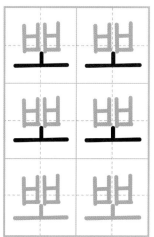

뽀뽀
뽀뽀
뽀뽀

★ 오늘 배운 자음자의 이름을 떠올려 보고, 아는 것에 ☑표를 해 보세요.
체크

□ ㄱ (기역) □ ㄲ (쌍기역) □ ㄴ (니은) □ ㄷ (디귿) □ ㄸ (쌍디귿)
□ ㄹ (리을) □ ㅁ (미음) □ ㅂ (비읍) □ ㅃ (쌍비읍)

2 회 자음자 쓰기 2

어떻게 쓸까요

☆ 자음자 중에서 기본 자음 'ㅅ, ㅇ, ㅈ, ㅊ, ㅋ, ㅌ, ㅍ, ㅎ'과 쌍자음 'ㅆ, ㅉ'을 배워요. 자음자의 이름을 소리 내어 읽으면서, 쓰는 순서대로 따라 쓰기를 하면 쉽게 배울 수 있습니다.

✏️ 자음자의 이름을 소리 내어 읽으면서 순서대로 따라 써 봅니다.

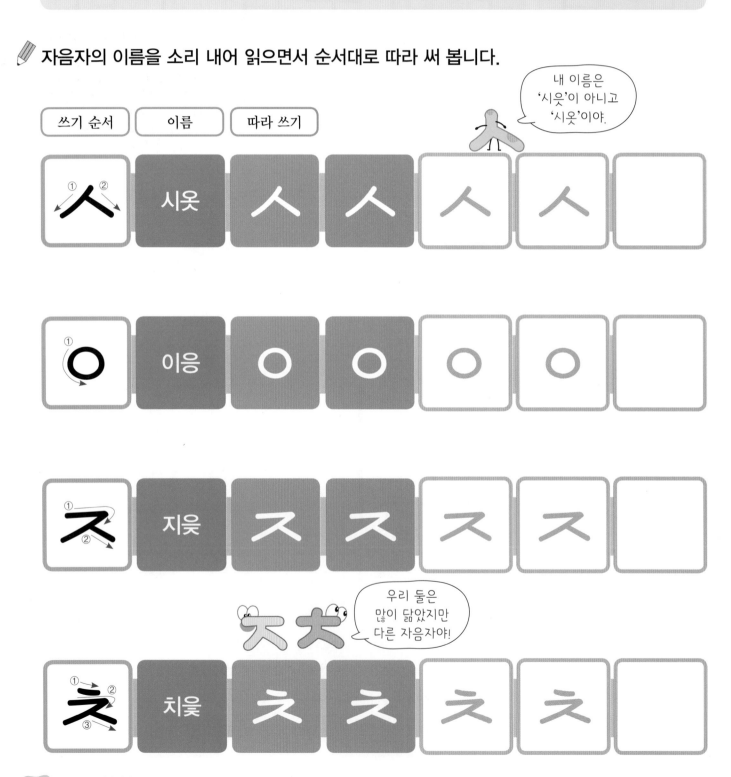

✏️ 알맞은 자음자를 써넣어 낱말을 완성하고 따라 써 보세요.

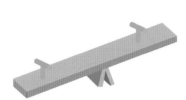

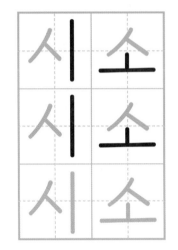

시소
시소
시소

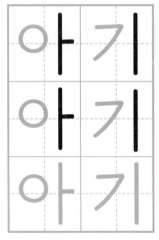

아기
아기
아기

주스
주스
주스

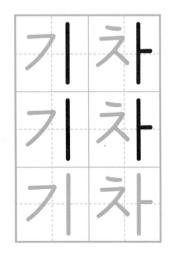

기차
기차
기차

코끼리
코끼리
코끼리

1주차

2회

타조
타조
타조

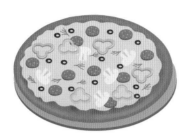

피자
피자
피자

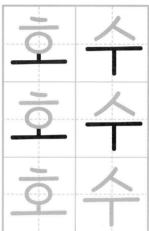

호 수
호 수
호 수

쓰 레 기
쓰 레 기
쓰 레 기

찌 개
찌 개
찌 개

☑ 체크

★ 오늘 배운 자음자의 이름을 떠올려 보고, 아는 것에 ☑표를 해 보세요.

☐ ㅅ (시옷)　☐ ㅆ (쌍시옷)　☐ ㅇ (이응)　☐ ㅈ (지읒)　☐ ㅉ (쌍지읒)

☐ ㅊ (치읓)　☐ ㅋ (키읔)　☐ ㅌ (티읕)　☐ ㅍ (피읖)　☐ ㅎ (히읗)

3회 모음자 쓰기 1

어떻게 쓸까요

☆ 모음자 중에서 'ㅏ, ㅑ, ㅓ, ㅕ, ㅗ, ㅛ, ㅜ, ㅠ, ㅡ, ㅣ'를 배워요. 모음자의 이름을 소리 내어 읽으면서, 쓰는 순서대로 따라 쓰기를 하면 쉽게 배울 수 있습니다.

✏️ 모음자의 이름을 소리 내어 읽으면서 순서대로 따라 써 봅니다.

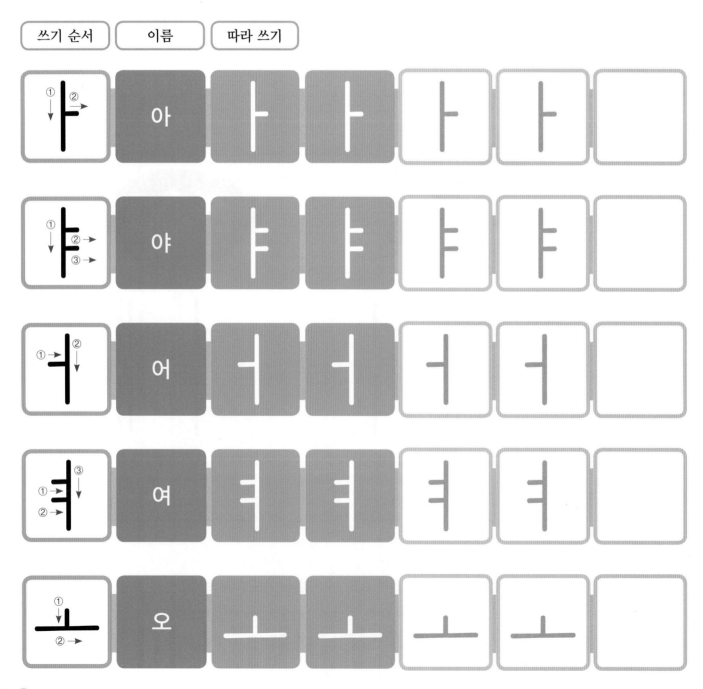

쓰기 순서 　 이름 　 따라 쓰기

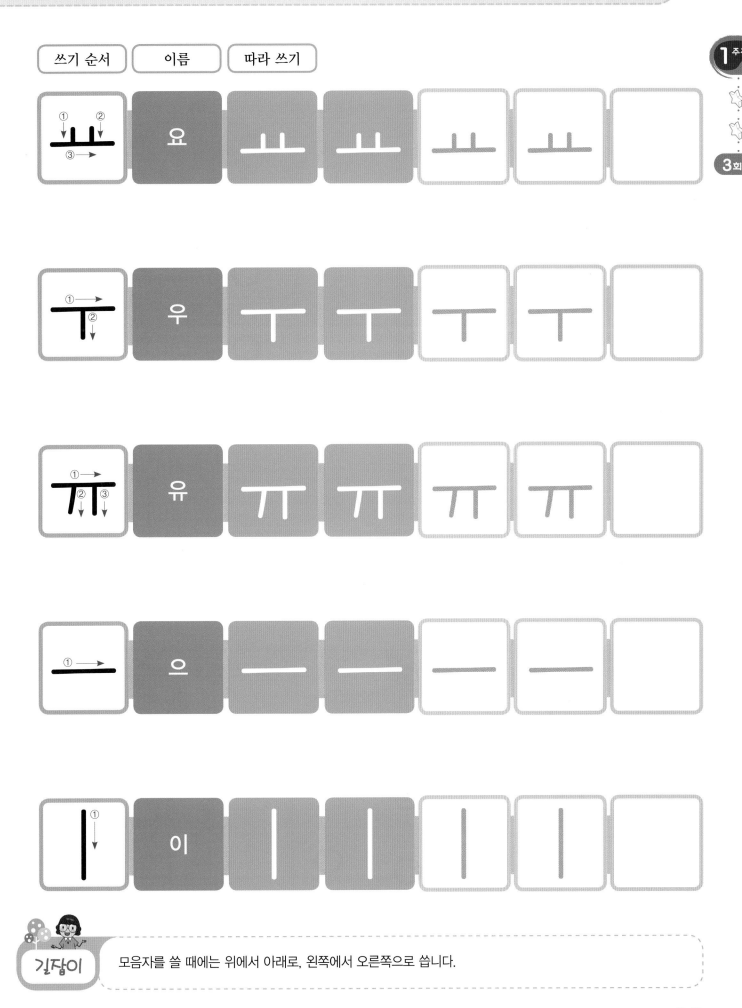

길잡이 모음자를 쓸 때에는 위에서 아래로, 왼쪽에서 오른쪽으로 씁니다.

✏️ 알맞은 모음자를 써넣어 낱말을 완성하고 따라 써 보세요.

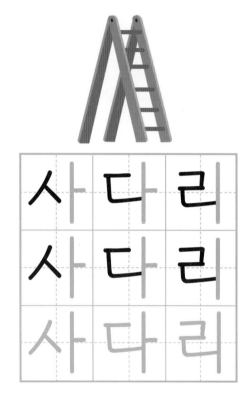

사	다	리
사	다	리
사	다	리

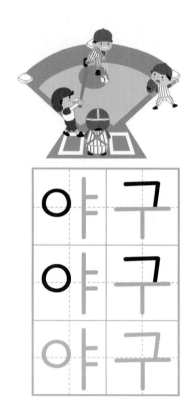

야	구
야	구
야	구

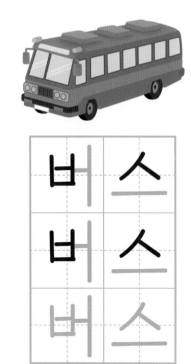

버	스
버	스
버	스

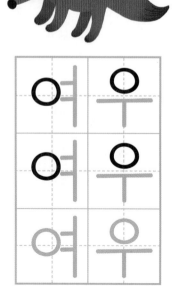

여	우
여	우
여	우

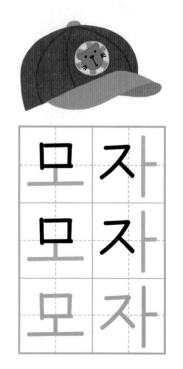

모	자
모	자
모	자

1주차

3회

요 리
요 리
요 리

두 더 지
두 더 지
두 더 지

우 유
우 유
우 유

치 즈
치 즈
치 즈

비 누
비 누
비 누

✔ 체크

★ 오늘 배운 모음자의 이름을 떠올려 보고, 아는 것에 ☑표를 해 보세요.

| □ ㅏ (아) | □ ㅑ (야) | □ ㅓ (어) | □ ㅕ (여) | □ ㅗ (오) |
| □ ㅛ (요) | □ ㅜ (우) | □ ㅠ (유) | □ ㅡ (으) | □ ㅣ (이) |

4 회 모음자 쓰기 2

어떻게 쓸까요

☆ 모음자 중에서 'ㅐ, ㅔ, ㅚ, ㅟ, ㅒ, ㅖ, ㅘ, ㅝ, ㅙ, ㅞ, ㅢ'를 배워요. 모음자의 이름을 소리 내어 읽으면서, 쓰는 순서대로 따라 쓰기를 하면 쉽게 배울 수 있습니다.

✏️ 모음자의 이름을 소리 내어 읽으면서 순서대로 따라 써 봅니다.

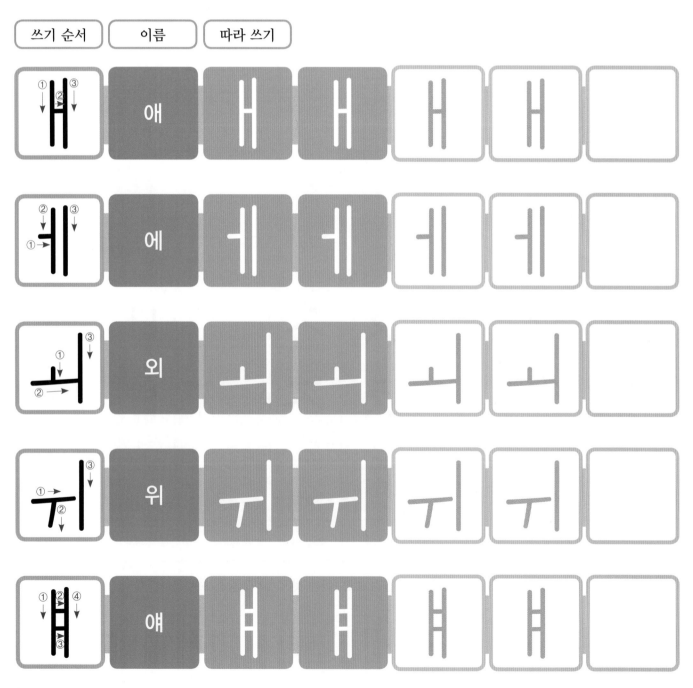

| 쓰기 순서 | 이름 | 따라 쓰기 | | | | |

쓰기 순서	이름	따라 쓰기

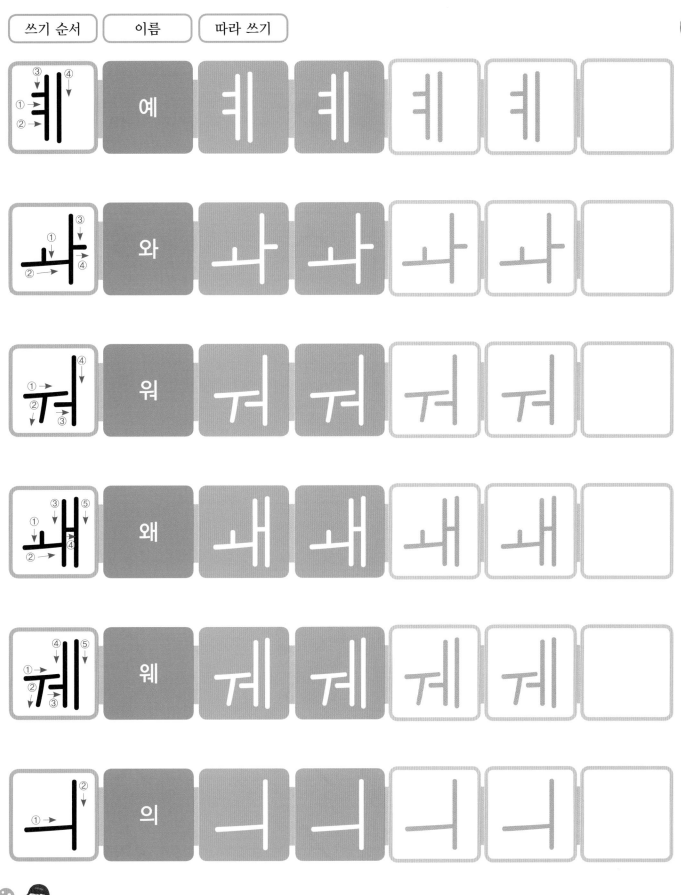

✏️ 알맞은 모음자를 써넣어 낱말을 완성하고 따라 써 보세요.

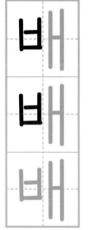

배
배
배

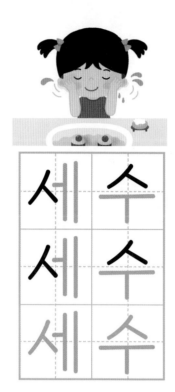

세 수
세 수
세 수

회 사
회 사
회 사

쥐
쥐
쥐

애 기
애 기
애 기

시 계
시 계
시 계

화	가
화	가
화	가

샤	워
샤	워
샤	워

돼	지
돼	지
돼	지

스	웨	터
스	웨	터
스	웨	터

의	자
의	자
의	자

✔ 체크

★ 오늘 배운 모음자의 이름을 떠올려 보고, 아는 것에 ☑표를 해 보세요.

☐ ㅐ (애) ☐ ㅔ (에) ☐ ㅚ (외) ☐ ㅟ (위) ☐ ㅒ (얘) ☐ ㅖ (예)

☐ ㅘ (와) ☐ ㅝ (워) ☐ ㅙ (왜) ☐ ㅞ (웨) ☐ ㅢ (의)

5 회 받침 없는 글자 만들어 쓰기

어떻게 쓸까요

☆ 자음자와 모음자를 합하여 받침 없는 글자를 만들어 봅니다.

✏ 자음자와 모음자로 글자를 만들고 따라 써 봅니다.

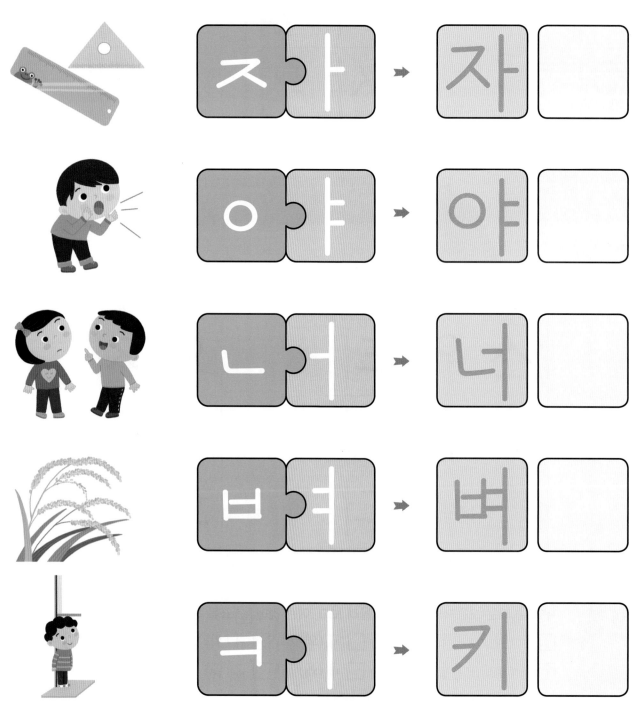

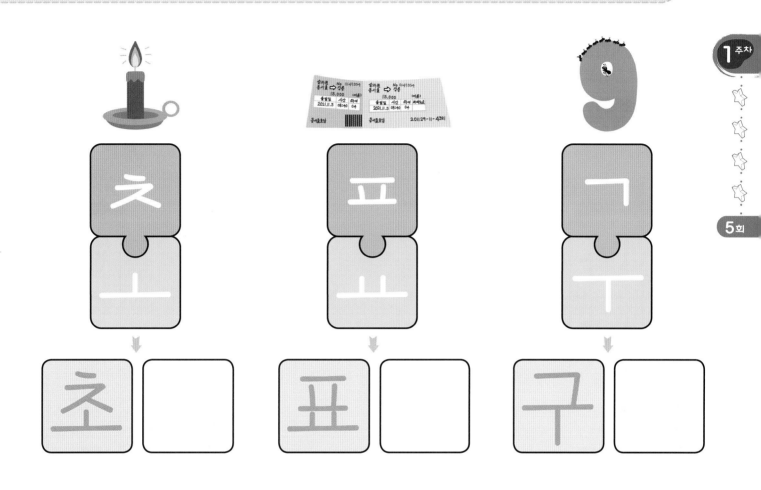

ㅊ ㅗ → 초 [ ]

ㅍ ㅛ → 표 [ ]

ㄱ ㅜ → 구 [ ]

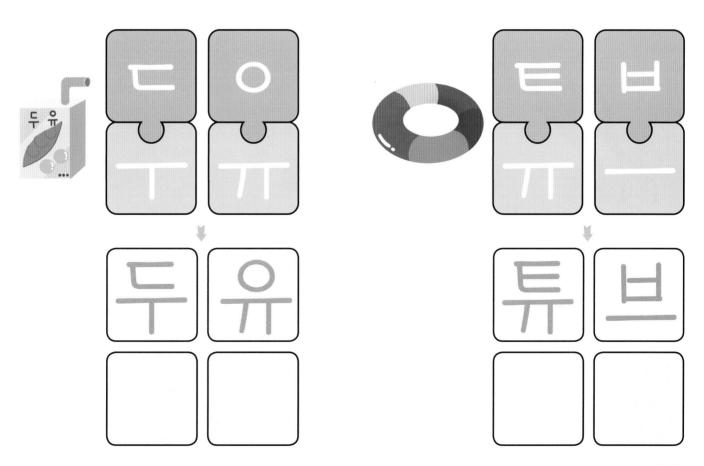

ㄷ ㅜ ㅇ ㅠ → 두 유
[ ] [ ]

ㅌ ㅠ ㅂ ㅡ → 튜 브
[ ] [ ]

✏️ 글자의 짜임을 생각하며 낱말을 써 보세요.

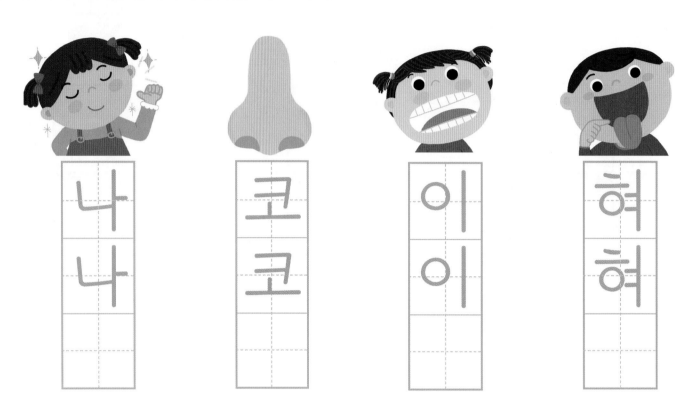

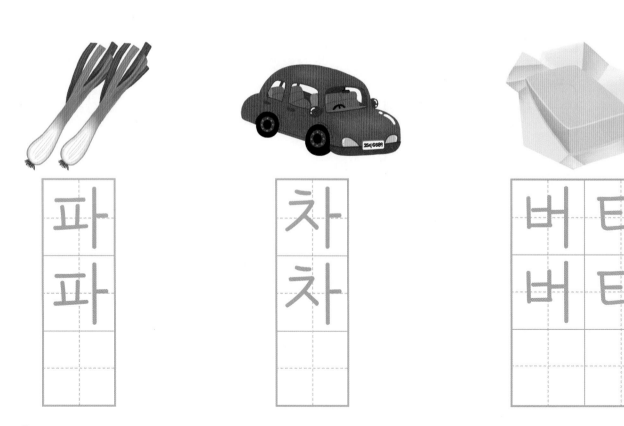

1주차
5회

오
오

무
무

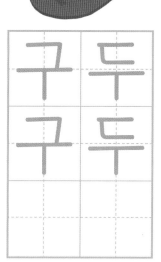

구 두
구 두

소
소

비
비

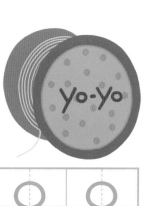

요 요
요 요

✏️ 그림 속에 자음자 다섯 개가 숨어 있어요. 어디에 숨었나 자음자를 찾아 ○표 해 보세요.

✏️ 낱말에 공통으로 들어 있는 모음자를 찾아 빈칸에 써 보세요.

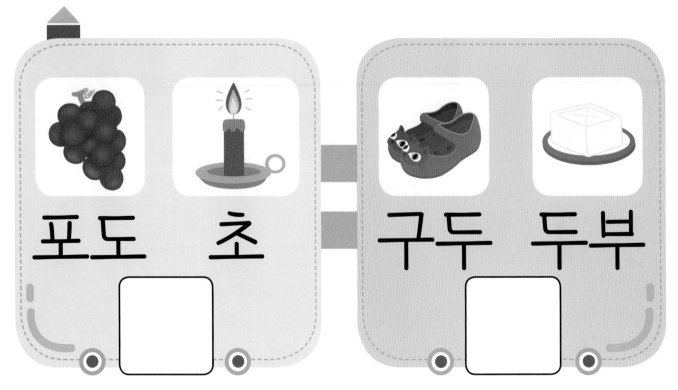

포도   초

구두   두부

✏️ 동물 친구들이 자음자와 모음자로 만든 글자가 쓰인 뗏목을 타려고 해요. 알맞은 뗏목을 찾아 글자를 쓰고 선으로 이어 보세요.

2주차

받침이 없거나
쉬운 받침이 있는 낱말

무엇을 쓸까요

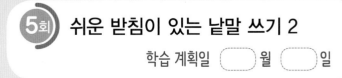

잠수복을 입고 신기한 바닷속 여행을 해요.

바닷속 친구들의 이름을 알려 주려고 글자들을 가지고 가네요.

받침이 없는 글자로 된 이름, 받침이 있는 글자로 된 이름이

잘 만들어졌는지 한번 살펴볼까요?

1회 쉬운 받침이 있는 글자 만들어 쓰기

어떻게 쓸까요

☆ 'ㄱ, ㄴ, ㄹ, ㅁ, ㅂ, ㅅ, ㅇ' 받침이 있는 글자를 만들어 써 봅니다.

✏️ 알맞은 자음자를 넣어 받침이 있는 글자를 만들고 따라 써 봅니다.

 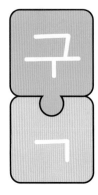 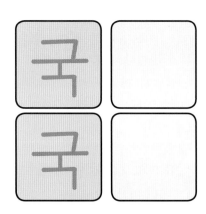

 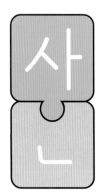 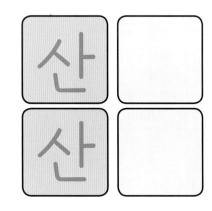

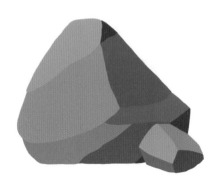 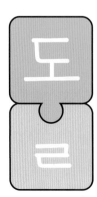 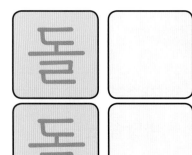

글자에서 아래쪽에 있는 자음자를 '받침'이라고 해.

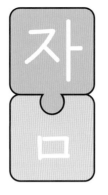

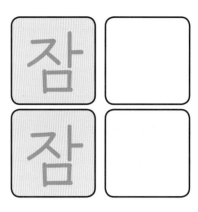

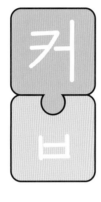

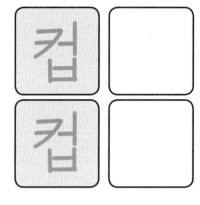

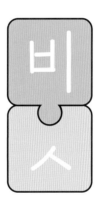

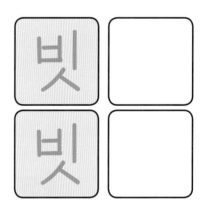

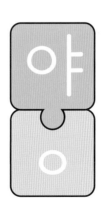

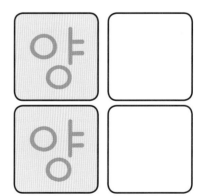

길잡이

글자는 '자'처럼 '자음자 + 모음자'로 만들어지거나 '잠'처럼 '자음자 + 모음자 + 자음자'로 만들어집니다.
'자음자 + 자음자', '모음자 + 모음자'로 합쳐지면 글자가 만들어지지 않습니다.

✏️ 받침에 주의하며 낱말을 따라 써 보세요.

공
공

눈
눈

섬
섬

말
말

떡
떡

옷
옷

밥
밥

문
문

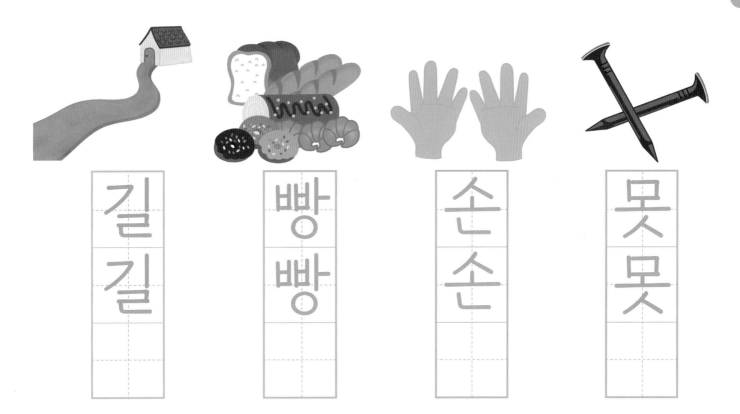

길	빵	손	못
길	빵	손	못

춤	약	집	발
춤	약	집	발

2 회 받침이 없는 낱말 쓰기 1

어떻게 쓸까요

☆ 받침이 없는 두세 글자로 된 낱말을 바르게 써 봅니다.

✏️ 글자의 짜임을 생각하며 낱말을 따라 써 봅니다.

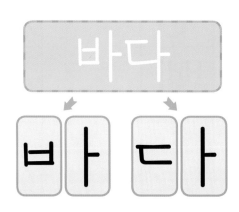

바다

바다

바다

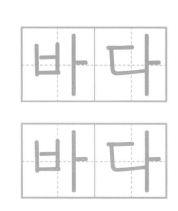

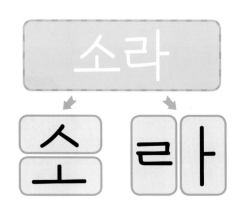

소라

소라

소라

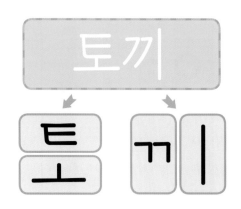

토끼

토끼

토끼

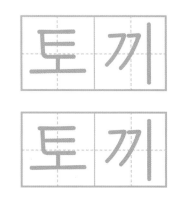

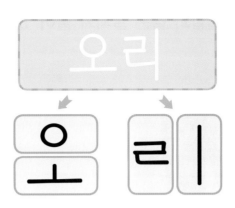

오리

오 리

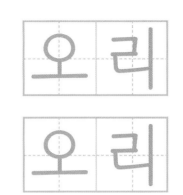

오 리

오 리

치마

치 마

치 마

치 마

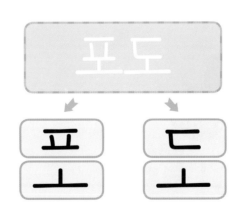

포도

포 도

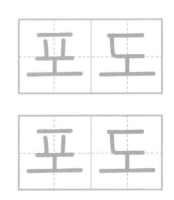

포 도

포 도

길잡이 받침이 없는 낱말은 '자음자 + 모음자'의 짜임으로 된 글자들로만 이루어져 있습니다.

✏️ 〈어떻게 쓸까요〉에서 배운 낱말과 같은 글자가 들어 있는 낱말을 소리 내어 읽으면서 따라 써 보세요.

바다

바지
바지

다리
다리

소라

소나기
소나기

자라
자라

토끼

토마토
토마토

조끼
조끼

오리

오 이
오 이

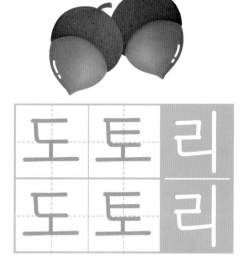

도 토 리
도 토 리

치마

치 타
치 타

고 구 마
고 구 마

포도

포 크
포 크

도 자 기
도 자 기

3 회 받침이 없는 낱말 쓰기 2

어떻게 쓸까요

☆ 받침이 없는 두세 글자로 된 낱말 중 복잡한 모음이 있는 낱말을 바르게 써 봅니다.

✏️ 글자의 짜임을 생각하며 낱말을 따라 써 봅니다.

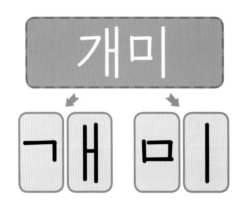

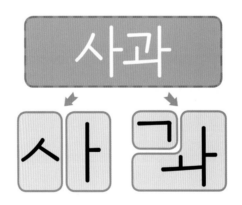

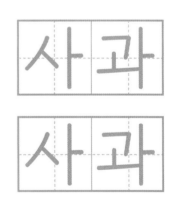

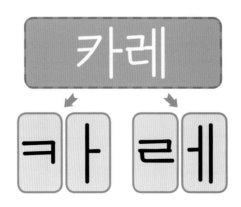

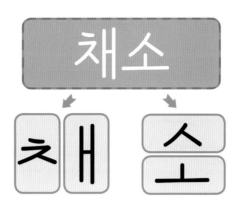

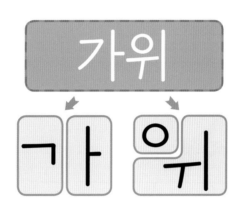

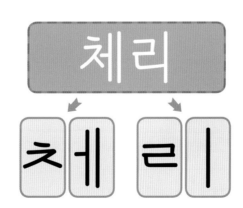

길잡이

'가'와 '과'의 'ㄱ', '사'와 '소'의 'ㅅ'에서 볼 수 있듯이 같은 자음자라도 어떤 모음자를 만나느냐에 따라 다른 글자가 만들어집니다.

✏️ 〈어떻게 쓸까요〉에서 배운 낱말과 같은 글자가 들어 있는 낱말을 소리 내어 읽으면서 따라 써 보세요.

개미

개나리
개나리

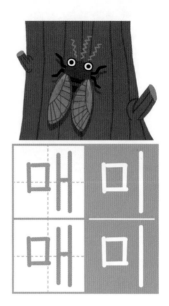

매미
매미

사과

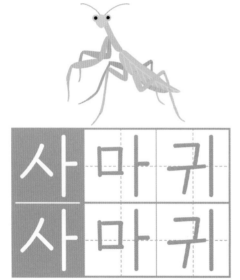

사마귀
사마귀

과자
과자

카레

카메라
카메라

수레
수레

채소

부채
부채

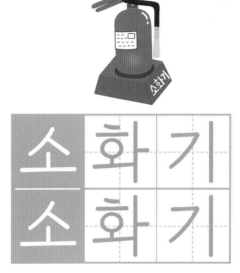

소화기
소화기

가위

가게
가게

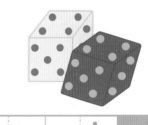

주사위
주사위

체리

체조
체조

귀고리
귀고리

4회 쉬운 받침이 있는 낱말 쓰기 1

어떻게 쓸까요

☆ 'ㄱ, ㄴ, ㄹ, ㅁ, ㅂ, ㅅ, ㅇ' 받침이 하나 있는 두세 글자 낱말을 바르게 써 봅니다.

✐ 글자의 짜임을 생각하며 낱말을 따라 써 봅니다.

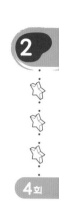

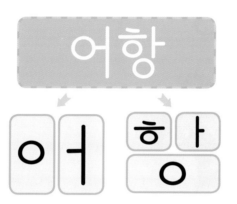

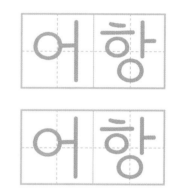

길잡이

받침이 있는 글자에서 자음자는 첫소리와 끝소리가 되고, 모음자는 가운뎃소리가 됩니다.

첫소리 ← ㅂㅏ → 가운뎃소리
ㅇ → 끝소리

✏️ 〈어떻게 쓸까요〉에서 배운 낱말과 같은 글자가 들어 있는 낱말을 소리 내어 읽으면서 따라 써 보세요.

호박

호랑이
호랑이

수박
수박

감자

감나무
감나무

자석
자석

라면

코알라
코알라

가면
가면

가방

가족
가족

소방서
소방서

어항

상어
상어

항아리
항아리

기린

딸기
딸기

어린이
어린이

5회 쉬운 받침이 있는 낱말 쓰기 2

어떻게 쓸까요

☆ 'ㄱ, ㄴ, ㄹ, ㅁ, ㅂ, ㅅ, ㅇ' 받침이 하나 있는 두세 글자 낱말 중 복잡한 모음이 있는 낱말을 바르게 써 봅니다.

✏️ 글자의 짜임을 생각하며 낱말을 따라 써 봅니다.

 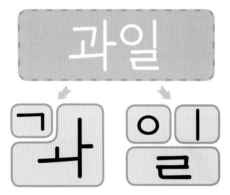 

 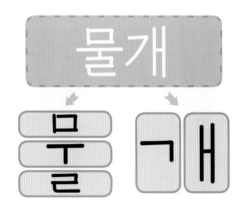 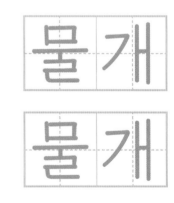

냄비

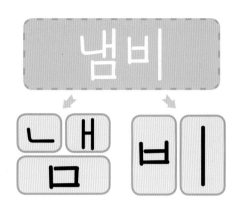

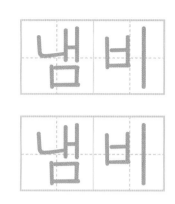

참외

생쥐

길잡이

모음자 'ㅏ, ㅑ, ㅓ, ㅕ, ㅗ, ㅛ, ㅜ, ㅠ, ㅡ, ㅣ'는 기본 모음자입니다. 복잡한 모음자 'ㅐ, ㅔ, ㅚ, ㅟ, ㅒ, ㅖ, ㅘ, ㅝ, ㅙ, ㅞ, ㅢ'가 들어간 낱말을 주의해서 쓰도록 합니다.

✏️ 〈어떻게 쓸까요〉에서 배운 낱말과 같은 글자가 들어 있는 낱말을 소리 내어 읽으면서 따라 써 보세요.

과일

과학자
과학자

내일
내일

물개

자물쇠
자물쇠

번개
번개

화산

화요일
화요일

산새
산새

냄비

냄	새
냄	새

비	행	기
비	행	기

참외

참	새
참	새

외	계	인
외	계	인

생쥐

생	수
생	수

다	람	쥐
다	람	쥐

✏️ 받아쓰기가 틀린 것을 바르게 고쳐 쓰고, 100점짜리 답안지를 만들어 주세요.

보기

~~1.~~ 게미 ➡ 개미   ②가위 ➡ 가위

시험지 채점하기   100점 만들기

1. **컵**   ➡   1.

2. **포도**   ➡   2.

3. **게나리**   ➡   3.

4. **라면**   ➡   4.

5. **다람지**   ➡   5.

✏️ 동물들의 이름표가 찢어졌어요. 알맞은 이름이 되도록 줄로 이어 주세요.

토 ·   · 쥐

생 ·   · 끼

돼지가 친구 집에 놀러 가려고 해요. 가는 길에 놓인 물건 이름에는 어떤 자음자가 받침으로 쓰였는지 잘 찾아 길을 따라가 보세요.

3주차

받침 있는 낱말과
두 낱말을 합하여 만든 낱말

무엇을 쓸까요

거미 + 줄 = 거미줄

책 + 가방 = 책가방

종이 + 배 = 종이배

김 + 밥 = 김밥

눈 + 사람 = 눈사람

동화 마을에 엄마 인형, 아이들 인형이 살고 있어요. 아이들 인형이 들고 있는 낱말을 합하면 엄마 인형이 들고 있는 낱말이 되네요. 두 낱말을 합하여 어떤 새로운 낱말이 만들어지는지 한번 살펴볼까요?

1회 쉬운 받침이 있는 낱말 쓰기 3

어떻게 쓸까요

☆ 'ㄱ, ㄴ, ㄹ, ㅁ, ㅂ, ㅅ, ㅇ' 받침이 둘 이상 있는 두세 글자 낱말을 익히고 바르게 써 봅니다.

✏️ 글자의 짜임을 생각하며 낱말을 따라 써 봅니다.

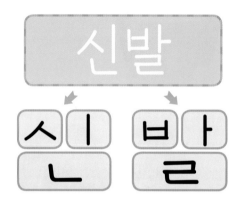

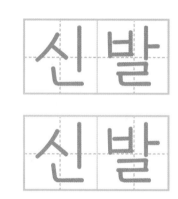

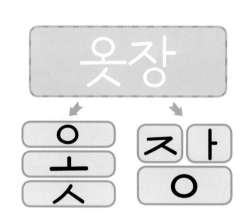

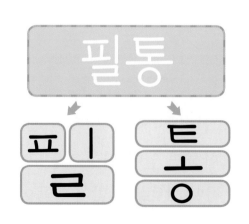

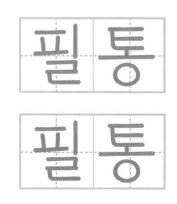

반달

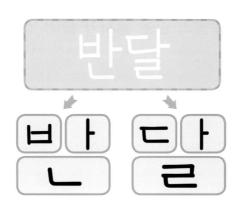

반달

반달

목욕

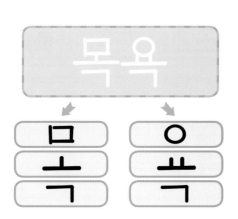

목욕

목욕

선물

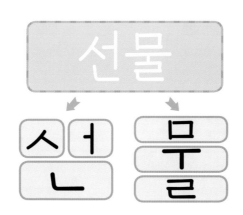

선물

선물

길잡이

'자음자 + 모음자 + 자음자'로 이루어진 받침이 있는 낱말의 짜임을 알아봅니다.

자음자 ← 오 → 모음자
자음자 ← ㅅ

자음자 ← ㅈㅏ → 모음자
자음자 ← ㅇ

✏ 〈어떻게 쓸까요〉에서 배운 낱말과 같은 글자가 들어 있는 낱말을 소리 내어 읽으면서 따라 써 보세요.

신발

신	문
신	문

발	자	국
발	자	국

옷장

잠	옷
잠	옷

장	난	감
장	난	감

필통

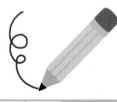

연	필
연	필

통	조	림
통	조	림

3주차
1회

반달

나	침	반
나	침	반

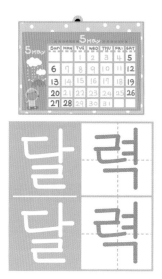

달	력
달	력

목욕

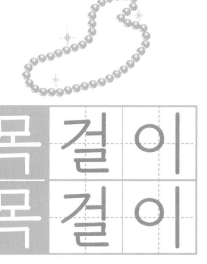

목	걸	이
목	걸	이

욕	실
욕	실

선물

선	풍	기
선	풍	기

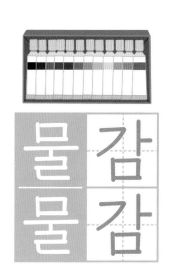

물	감
물	감

쉬운 받침이 있는 낱말 쓰기 4

어떻게 쓸까요

☆ 'ㄱ, ㄴ, ㄹ, ㅁ, ㅂ, ㅅ, ㅇ' 받침이 둘 이상 있는 두세 글자 낱말을 익히고 바르게 써 봅니다.

✏️ 글자의 짜임을 생각하며 낱말을 따라 써 봅니다.

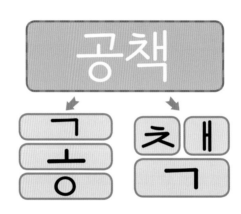

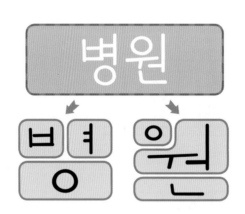
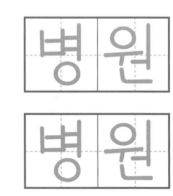

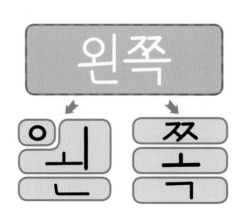

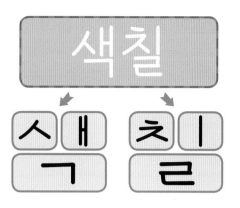

색칠

색칠

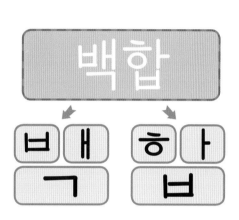

백합

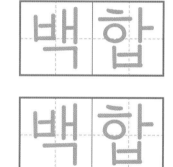

백합

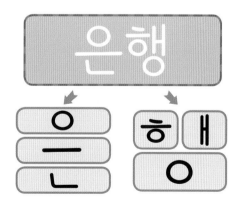

은행

은행

길잡이

모음자 중에서 'ㅝ, ㅢ'와 같은 모음자의 모양을 잘 보고 글자의 짜임을 정확히 알아봅니다.

자음자 ← **의** → 모음자

자음자 ← **은**

✏️ 〈어떻게 쓸까요〉에서 배운 낱말과 같은 글자가 들어 있는 낱말을 소리 내어 읽으면서 따라 써 보세요.

공책

공원
공원

책꽂이
책꽂이

병원

물병
물병

동물원
동물원

왼쪽

왼손
왼손

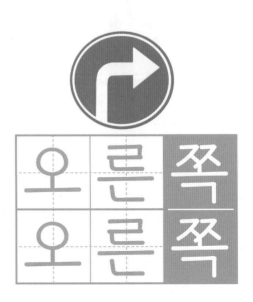

오른쪽
오른쪽

색칠

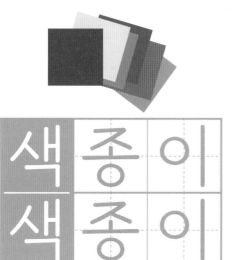

색종이
색종이

칠판
칠판

백합

백화점
백화점

합창
합창

은행

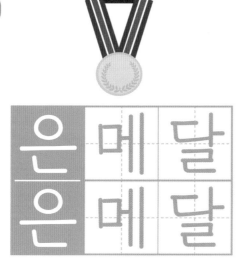

은메달
은메달

보행기
보행기

3회 어려운 받침이 있는 낱말 쓰기 1

어떻게 쓸까요

☆ 'ㄷ, ㅈ, ㅊ, ㅋ, ㅌ, ㅍ, ㅎ, ㄲ' 받침이 있는 두세 글자 낱말을 익히고 바르게 써 봅니다.

✏️ 글자의 짜임을 생각하며 낱말을 따라 써 봅니다.

  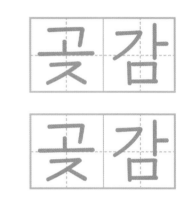

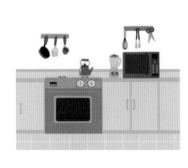 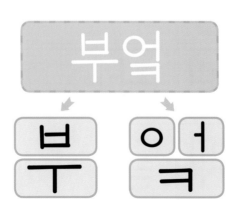 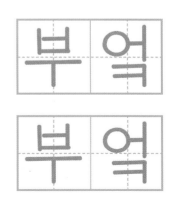

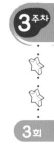

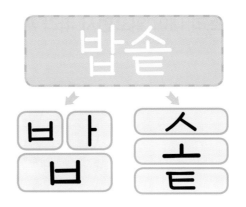

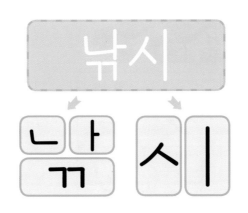

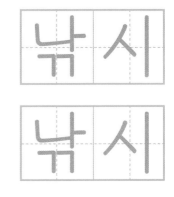

길잡이 '있다', '갔다'와 같이 'ㅆ'이 받침으로 쓰이는 낱말도 있습니다.

✏️ 어려운 받침이 있는 낱말을 소리 내어 읽으면서 따라 써 보세요.

숟	가	락
숟	가	락

듣	다
듣	다

쏟	다
쏟	다

늦	잠
늦	잠

벚	꽃
벚	꽃

돛	단	배
돛	단	배

팥	죽
팥	죽

나	뭇	잎
나	뭇	잎

낳	다
낳	다

좋	다
좋	다

닦	다
닦	다

떡	볶	이
떡	볶	이

3주차

4회 어려운 받침이 있는 낱말 쓰기 2

어떻게 쓸까요

☆ 'ㄴㅈ, ㄴㅎ, ㄹㄱ, ㄹㅁ, ㄹㅂ, ㄹㅌ, ㄹㅎ, ㅂㅅ'처럼 서로 다른 두 개의 자음으로 이루어진 받침이 있는 낱말을 익히고 바르게 써 봅니다.

✏️ 글자의 짜임을 생각하며 낱말을 따라 써 봅니다.

 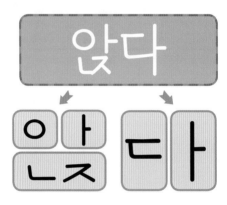 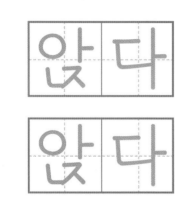

 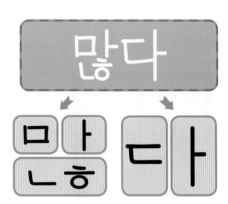 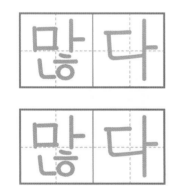

 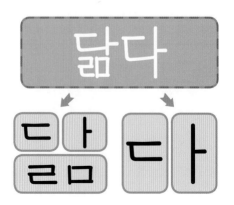 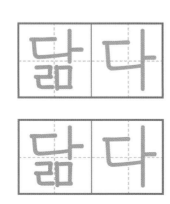

3주차

4회

핥다

ㅎ ㅏ
ㄹ ㅌ
다

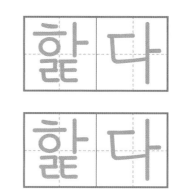
핥다
핥다

싫다

ㅅ ㅣ
ㄹ ㅎ
다

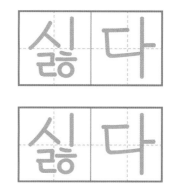
싫다
싫다

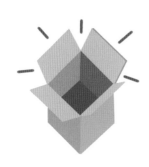

없다

ㅇ ㅓ
ㅂ ㅅ
다

없다
없다

길잡이

서로 다른 두 개의 자음으로 이루어진 받침을 겹받침이라고 합니다. 겹받침이 들어 있는 낱말의 짜임을 잘 보고 익혀 둡니다.

어려운 받침이 있는 낱말을 소리 내어 읽으면서 따라 써 보세요.

업	다
업	다

끊	다
끊	다

옮	기	다
옮	기	다

읽	다
읽	다

찰	흙
찰	흙

닭	고	기
닭	고	기

3주차

4회

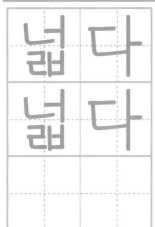

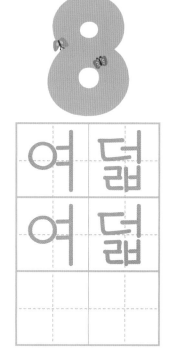

짧	다
짧	다

넓	다
넓	다

여	덟
여	덟

뚫	다
뚫	다

잃	다
잃	다

가	엾	다
가	엾	다

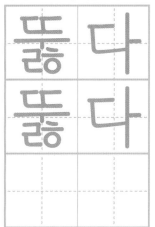

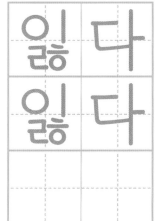

3주차

5회 두 낱말을 합하여 만든 낱말 쓰기

어떻게 쓸까요

☆ 낱말 두 개를 합하여 만든 낱말을 익히고 바르게 써 봅니다.

✏️ 두 낱말을 합하여 만든 낱말을 따라 써 봅니다.

김 + 밥 ➡ 김밥

김밥
김밥

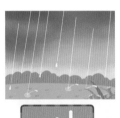

비 + 옷 ➡ 비옷

비옷
비옷

낮 + 잠 ➡ 낮잠

낮잠
낮잠

3주차

5회

 + 사람 ➡ 눈사람

 + 배 ➡ 종이배

 + 가방 ➡ 책가방

길잡이

'김 + 밥→김밥'처럼 합쳐지기 전의 '김'과 '밥'도 각각 하나의 낱말입니다.

어떤 낱말을 합하여 만든 낱말인지 생각하며 소리 내어 읽으면서 따라 써 보세요.

눈	물	봄	비	산	길
눈	물	봄	비	산	길

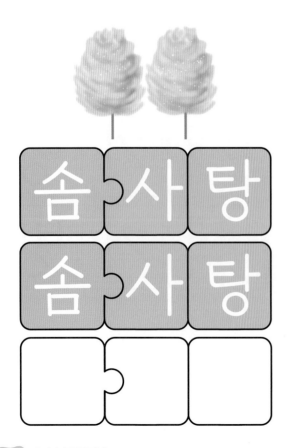

솜	사	탕	거	미	줄
솜	사	탕	거	미	줄

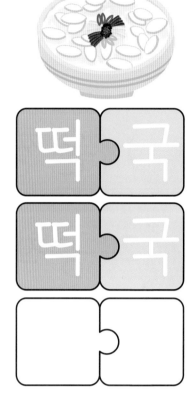

벌집 꽃밭 떡국

벌집 꽃밭 떡국

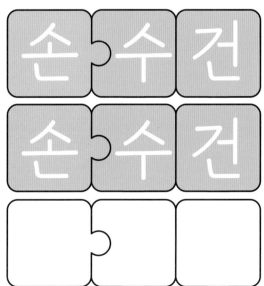
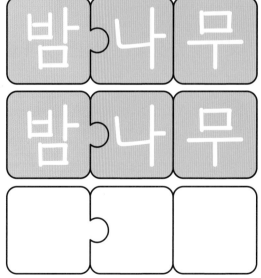

손수건 밤나무

손수건 밤나무

아하~ 알았어요

✏️ 받아쓰기가 틀린 것을 바르게 고쳐 쓰고, 100점짜리 답안지를 만들어 주세요.

보기

① 곳감 ➡ 곶감   ② 찰흑 ➡ 찰흙

시험지 채점하기		100점 만들기
1. 온짱	➡	1.
2. 공책	➡	2.
3. 나문닙	➡	3.
4. 넙다	➡	4.
5. 꽃밭	➡	5.

✏️ 빈칸에 들어갈 알맞은 받침을 찾아 줄로 이어 보세요.

안ㅁ다 ·   · ㄹㅁㄱ

닭다 ·   · ㄴㅈㄱ

✏️ 그림을 잘 보고 빈칸에 알맞은 낱말을 써넣어 보세요.

4주차

주제별 관련 낱말

놀이터

빵집

무엇을 쓸까요

슈퍼마켓

딸
아들
음식점
어머니
미용실
아버지
유치원

한 가족이 동네 나들이를 갔네요.
이 골목 저 골목, 우리 동네에는 어떤 곳이 있을까요?
맛있는 음식을 먹으러 가는 걸까요?
예쁜 딸이 다니는 유치원에 가 보는 걸까요?
어디를 가는 것인지 우리 한번 따라가 볼까요?

①회 가족과 관련된 낱말 쓰기

어떻게 쓸까요

☆ 가족을 부를 때 뭐라고 부르는지 가족 간의 관계를 나타내는 낱말을 바르게 써 봅니다.

✏️ 가족과 관련된 낱말을 알아보고 따라 써 봅니다.

할아버지
할머니
삼촌
고모
이모

길잡이 가족과 관련된 낱말로 '남매', '누나', '형', '동생', '언니', '오빠', '외할아버지', '외할머니', '외삼촌' 등도 있습니다.

✏️ 〈어떻게 쓸까요〉에서 배운 낱말을 소리 내어 읽으면서 따라 써 보세요.

아	버	지
아	버	지

어	머	니
어	머	니

딸
딸

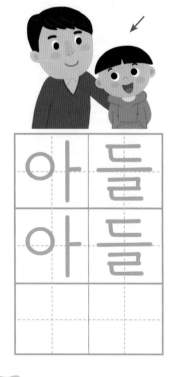

아	들
아	들

형	제
형	제

자	매
자	매

할	아	버	지
할	아	버	지

할	머	니
할	머	니

삼	촌
삼	촌

고	모
고	모

이	모
이	모

②회 집 안 물건과 관련된 낱말 쓰기

☆ 집에서 흔히 볼 수 있거나 많이 사용하는 물건의 이름을 바르게 써 봅니다.

✏️ 집 안 물건과 관련된 낱말을 알아보고 따라 써 봅니다.

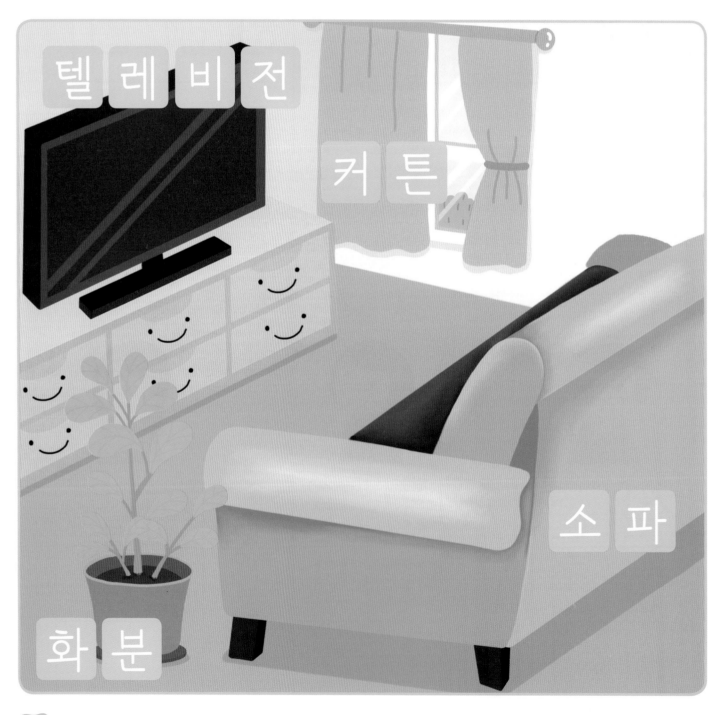

거울

수건

컴퓨터

이불

피아노

침대

길잡이

'냉장고', '정수기', '청소기' 등 집 안에 있는 물건 이름을 찾아 말해 보고, 그 물건의 쓰임에 대해서도 이야기해 봅니다.

✏️ 〈어떻게 쓸까요〉에서 배운 낱말을 소리 내어 읽으면서 따라 써 보세요.

텔	레	비	전
텔	레	비	전

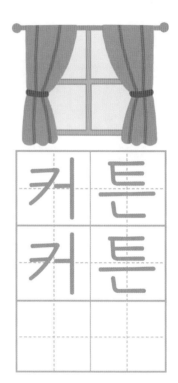

커	튼
커	튼

화	분
화	분

소	파
소	파

거	울
거	울

수 건
수 건

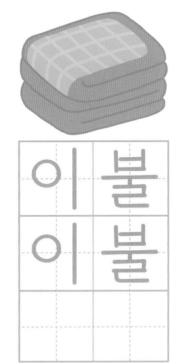

이 불
이 불

침 대
침 대

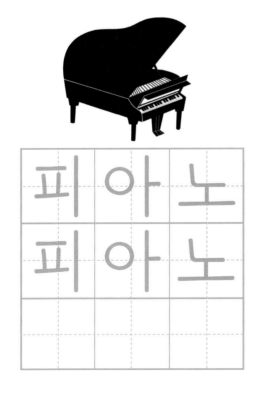

피 아 노
피 아 노

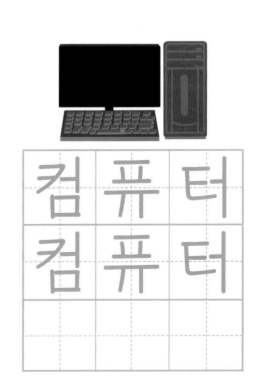

컴 퓨 터
컴 퓨 터

③회 놀이, 취미와 관련된 낱말 쓰기

어떻게 쓸까요

☆ 우리가 가지고 노는 물건이나 놀이 활동의 이름을 바르게 써 봅니다.

✎ 놀이나 취미와 관련된 낱말을 알아보고 따라 써 봅니다.

블록

종이접기

자전거

축구

수영

길잡이

'그네'와 함께 '시소', '미끄럼틀' 등 다양한 놀이 기구와 어린이들이 좋아하는 놀이나 취미에 대해 이야기해 봅니다.

✏️ 〈어떻게 쓸까요〉에서 배운 낱말을 소리 내어 읽으면서 따라 써 보세요.

숨	바	꼭	질
숨	바	꼭	질

줄	넘	기
줄	넘	기

소	꿉	놀	이
소	꿉	놀	이

그	네
그	네

블	록
블	록

축	구
축	구

수	영
수	영

종	이	접	기
종	이	접	기

자	전	거
자	전	거

 회
동네와 관련된 낱말 쓰기

어떻게 쓸까요

☆ 우리가 사는 동네에서 쉽게 찾아볼 수 있는 것의 이름을 바르게 써 봅니다.

✏️ 우리 동네와 관련된 낱말을 알아보고 따라 써 봅니다.

길잡이 '편의점', '병원', '공원', '경찰서', '소방서' 등 동네와 관련된 낱말과 우리 동네의 특별한 자랑거리를 찾아 말해 봅니다.

✏️ 〈어떻게 쓸까요〉에서 배운 낱말을 소리 내어 읽으면서 따라 써 보세요.

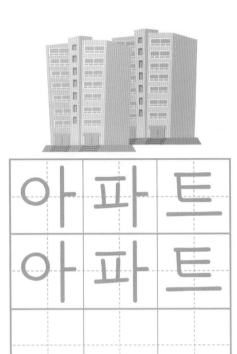

아	파	트
아	파	트

유	치	원
유	치	원

빵	집
빵	집

놀	이	터
놀	이	터

약	국
약	국

미	용	실
미	용	실

슈	퍼	마	켓
슈	퍼	마	켓

우	체	국
우	체	국

음	식	점
음	식	점

⑤회 유치원, 학교와 관련된 낱말 쓰기

어떻게 쓸까요

☆ 유치원이나 학교생활과 관계있는 사람이나 물건, 장소 등의 이름을 바르게 써 봅니다.

✏️ 유치원, 학교생활과 관련된 낱말을 따라 써 봅니다.

✏️ 〈어떻게 쓸까요〉에서 배운 낱말을 소리 내어 읽으면서 따라 써 보세요.

인	사
인	사

선	생	님
선	생	님

친	구
친	구

짝	꿍
짝	꿍

소	풍
소	풍

졸	업
졸	업

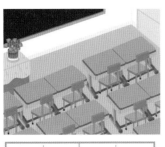

교 실
교 실

급 식
급 식

청 소
청 소

운 동 장
운 동 장

실 내 화
실 내 화

아하~ 알았어요

받아쓰기가 틀린 것을 바르게 고쳐 쓰고, 100점짜리 답안지를 만들어 주세요.

보기

~~1.~~ 형재 ➡ 형제　　　　②자매 ➡ 자매

시험지 채점하기		100점 만들기
1. 삼춘	➡	1.
2. 우체국	➡	2.
3. 축구	➡	3.
4. 교실	➡	4.
5. 짝궁	➡	5.

퍼즐 조각을 맞추면 무엇이 나올지 빈칸에 써 보세요.

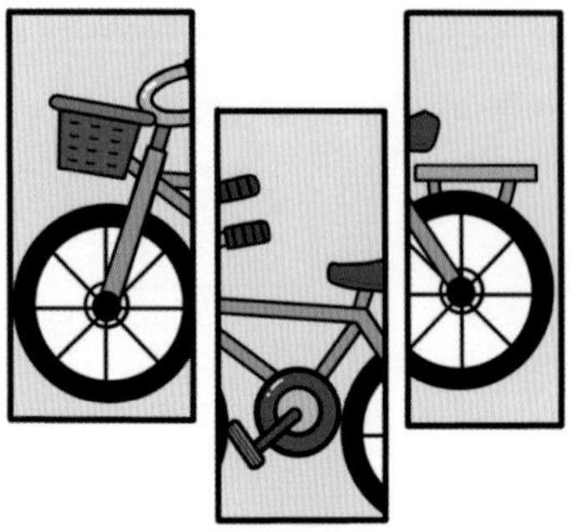

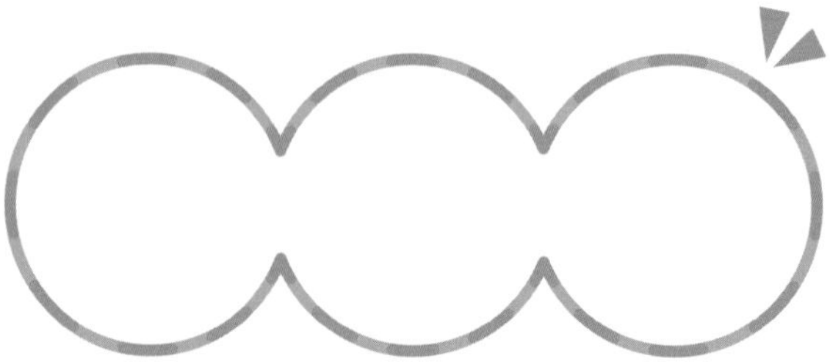

그림 속에서 친구들이 갖고 싶은 물건, 하고 싶은 놀이, 말하는 장소를 찾아 ○표 해 보세요.

낱말카드

 똘이야, 엄마랑 말 덧붙이기 놀이를 해 볼까?

네, 재미있을 거 같아요.

 그럼 엄마부터 할 게.
동물원에 가면 사자도 있고,

동물원에 가면 사자도 있고, 호랑이도 있고,

 동물원에 가면 사자도 있고, 호랑이도 있고,
음, 또 뭐가 있을까?

에이, 엄마는 그것도 몰라.
원숭이도 있고, 새들도 많잖아요.

 와우! 우리 똘이가 엄마보다 더 똑똑하구나.

우리 다른 놀이 또 해요. 재미있어요.

동물원에 가면 여러 동물들을 볼 수 있어요.

문구점에 가면 우리들 학습에 필요한 물품들이 있고요.

이렇게 특징이나 쓰임이 비슷한 말들을 모아서 배우면

낱말 공부에 도움이 될 거예요.

놀이·운동	음식	동물	채소·과일	학용품
로봇	김치	개	고추	가위
인형	샌드위치	독수리	당근	자
캐치볼	케이크	사자	시금치	크레파스
스케이트	불고기	고양이	귤	연필
킥보드	피자	앵무새	메론	지우개
훌라후프	아이스크림	호랑이	복숭아	필통

로봇

스케이트

인형

킥보드

캐치볼

훌라후프

김치

불고기

샌드위치

피자

케이크

아이스크림

개

고양이

독수리

앵무새

사자

호랑이

고추

귤

당근

메론

시금치

복숭아

가위

연필

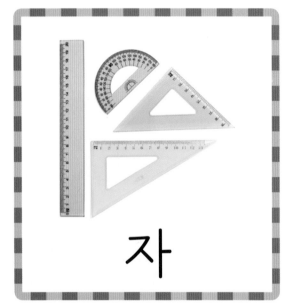

자

지우개

크레파스

필통

1주차 자음자와 모음자가 만나 만든 글자

재미있는 글자 나라 놀이터예요.
자음자와 모음자 친구들이 서로 만나
글자를 만들었어요.
누가 누구를 만나 어떤 글자를 만들었는지
한번 살펴볼까요?

1회 자음자 쓰기 1
자음자 중에서 기본 자음 'ㄱ, ㄴ, ㄷ, ㄹ, ㅁ, ㅂ'과 쌍
자음 'ㄲ, ㄸ, ㅃ'을 배워요.

2회 자음자 쓰기 2
자음자 중에서 기본 자음 'ㅅ, ㅇ, ㅈ, ㅊ, ㅋ, ㅌ, ㅍ,
ㅎ'과 쌍자음 'ㅆ, ㅉ'을 배워요.

3회 모음자 쓰기 1
모음자 중에서 'ㅏ, ㅑ, ㅓ, ㅕ, ㅗ, ㅛ, ㅜ, ㅠ, ㅡ, ㅣ'
를 배워요.

4회 모음자 쓰기 2
모음자 중에서 'ㅐ, ㅔ, ㅚ, ㅟ, ㅒ, ㅖ, ㅘ, ㅝ, ㅙ, ㅞ,
ㅢ'를 배워요.

5회 받침 없는 글자 만들어 쓰기
자음자와 모음자를 합하여 받침 없는 글자를 만들어
써 봅니다.

2주차 받침이 없거나 쉬운 받침이 있는 낱말

잠수복을 입고 신기한 바닷속 여행을 해요.
바닷속 친구들의 이름을 알려 주려고 글자들을
가지고 가네요.
받침이 없는 글자로 된 이름, 받침이 있는 글자로 된
이름이 잘 만들어졌는지 한번 살펴볼까요?

1회 쉬운 받침이 있는 글자 만들어 쓰기
'ㄱ, ㄴ, ㄹ, ㅁ, ㅂ, ㅅ, ㅇ' 받침이 있는 글자를 만들
어 써 봅니다.

2회 받침이 없는 낱말 쓰기 1
받침이 없는 두세 글자로 된 낱말을 바르게 써 봅니다.

3회 받침이 없는 낱말 쓰기 2
받침이 없는 두세 글자로 된 낱말 중 복잡한 모음이
있는 낱말을 바르게 써 봅니다.

4회 쉬운 받침이 있는 낱말 쓰기 1
'ㄱ, ㄴ, ㄹ, ㅁ, ㅂ, ㅅ, ㅇ' 받침이 하나 있는 두세 글
자 낱말을 바르게 써 봅니다.

5회 쉬운 받침이 있는 낱말 쓰기 2
'ㄱ, ㄴ, ㄹ, ㅁ, ㅂ, ㅅ, ㅇ' 받침이 하나 있는 두세 글
자 낱말 중 복잡한 모음이 있는 낱말을 바르게 써 봅
니다.

1주차 > 자음자와 모음자가 만나 만든 글자

	무엇을 쓸까요 ❓	학습 계획일에 맞춰 꾸준히 글쓰기를 했나요 ❓		스스로 칭찬하는 말, 격려의 말 한마디를 써 봅니다 ❗
월 일	**1회** 자음자 쓰기 1			
	어떻게 쓸까요	☺ ○	☹ ○	
	이렇게 써 봐요	☺ ○	☹ ○	
월 일	**2회** 자음자 쓰기 2			
	어떻게 쓸까요	☺ ○	☹ ○	
	이렇게 써 봐요	☺ ○	☹ ○	
월 일	**3회** 모음자 쓰기 1			
	어떻게 쓸까요	☺ ○	☹ ○	
	이렇게 써 봐요	☺ ○	☹ ○	
월 일	**4회** 모음자 쓰기 2			
	어떻게 쓸까요	☺ ○	☹ ○	
	이렇게 써 봐요	☺ ○	☹ ○	
월 일	**5회** 받침 없는 글자 만들어 쓰기			
	어떻게 쓸까요	☺ ○	☹ ○	
	이렇게 써 봐요	☺ ○	☹ ○	

아하~ 알았어요! ☺ 예 ☹ 아니요   참~ 잘했어요! ☺ 예 ☹ 아니요

2주차 > 받침이 없거나 쉬운 받침이 있는 낱말

	무엇을 쓸까요 ❓	학습 계획일에 맞춰 꾸준히 글쓰기를 했나요 ❓		스스로 칭찬하는 말, 격려의 말 한마디를 써 봅니다 ❗
월 일	**1회** 쉬운 받침이 있는 글자 만들어 쓰기			
	어떻게 쓸까요	☺ ○	☹ ○	
	이렇게 써 봐요	☺ ○	☹ ○	
월 일	**2회** 받침이 없는 낱말 쓰기 1			
	어떻게 쓸까요	☺ ○	☹ ○	
	이렇게 써 봐요	☺ ○	☹ ○	
월 일	**3회** 받침이 없는 낱말 쓰기 2			
	어떻게 쓸까요	☺ ○	☹ ○	
	이렇게 써 봐요	☺ ○	☹ ○	
월 일	**4회** 쉬운 받침이 있는 낱말 쓰기 1			
	어떻게 쓸까요	☺ ○	☹ ○	
	이렇게 써 봐요	☺ ○	☹ ○	
월 일	**5회** 쉬운 받침이 있는 낱말 쓰기 2			
	어떻게 쓸까요	☺ ○	☹ ○	
	이렇게 써 봐요	☺ ○	☹ ○	

아하~ 알았어요! ☺ 예 ☹ 아니요   참~ 잘했어요! ☺ 예 ☹ 아니요

EBS
당신의 문해력

쓰기가
문해력
이다

P단계
예비 초등 ~ 초등 1학년 권장

정답과 해설

P단계

쓰기가
문해력
이다

1주차 정답과 해설

● 흐리게 쓴 글자를 따라 써 보세요.

쓰기 순서	이름	따라 쓰기
ㅁ	미음	ㅁ ㅁ ㅁ
ㅂ	비읍	ㅂ ㅂ ㅂ
ㄲ	쌍기역	ㄲ ㄲ ㄲ
ㄸ	쌍디귿	ㄸ ㄸ ㄸ
ㅃ	쌍비읍	ㅃ ㅃ ㅃ

우리는 같은 자음이 나란히 두 개 있는 쌍둥이 자음이야. 그래서 자음 이름 앞에 '쌍'을 붙여.

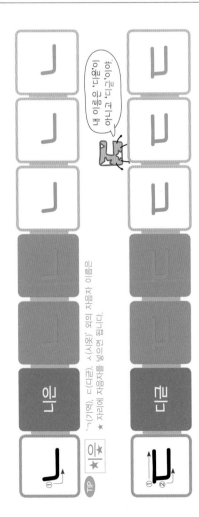

TIP 한글의 자음자 중 쌍자음은 'ㄲ, ㄸ, ㅃ, ㅆ, ㅉ' 모두 5개가 있습니다.

자음자를 쓸 때에는 위에서부터 아래로, 왼쪽에서부터 오른쪽으로 써야 합니다. 한 획으로 이어 쓰는 'ㄱ, ㄴ' 처럼 'ㄷ, ㄹ, ㅁ'을 한 획으로 한 번에 이어 쓰지 않도록 주의합니다.

정답과 해설 2

1회 자음자 쓰기 1

어떻게 쓸까요

☆ 자음자 중에서 기본 자음 'ㄱ, ㄴ, ㄷ, ㄹ, ㅁ, ㅂ'과 쌍자음 'ㄲ, ㄸ, ㅃ'을 배워요. 자음자의 이름을 소리 내어 읽으면서, 쓰는 순서대로 쓰기를 하면 쉽게 배울 수 있습니다.

✎ 자음자의 이름을 소리 내어 읽으면서 순서대로 따라 써 봅니다.

쓰기 순서	이름	따라 쓰기
ㄱ	기역	ㄱ ㄱ ㄱ
ㄴ	니은	ㄴ ㄴ ㄴ
ㄷ	디귿	ㄷ ㄷ ㄷ
ㄹ	리을	ㄹ ㄹ ㄹ

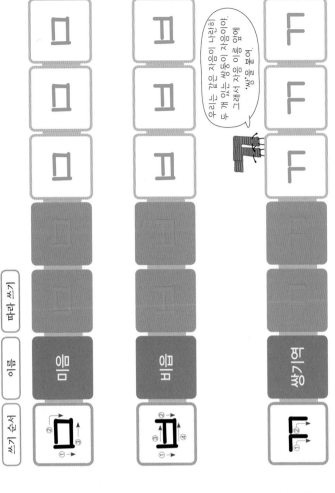

TIP 'ㄱ(기역), ㄷ(디귿), ㅅ(시옷)' 외의 자음자 이름은 ★ 자리에 자음자를 넣으면 됩니다.

이★

'ㄱ'은 '기윽'이 아니고, '기역'이야, 니은.

'기역'이 아니고 '기윽'인가? 응.

◆ 올바르게 쓴 글자를 따라 써 보세요.

TIP '빼나나'가 아니라 '바나나'가 바르게 쓴 낱말입니다.

☑ 오늘 배운 자음자의 이름을 떠올려 보고, 아는 것에 ☑표를 해 보세요.

□ ㄱ (기역)	□ ㄲ (쌍기역)	□ ㄴ (니은)
□ ㄷ (디귿)	□ ㄸ (쌍디귿)	
□ ㄹ (리을)	□ ㅁ (미음)	□ ㅂ (비읍)
□ ㅃ (쌍비읍)		

체크 ☑

자음자는 글자를 쓸 때 맨 처음에 오는구나

이렇게 써요

✏ 알맞은 자음자를 써넣어 낱말을 완성하고 따라 써 보세요.

TIP <어떻게 쓸까요?>에서 학습한 'ㄱ, ㄴ, ㄷ, ㄹ, ㅁ, ㅂ, ㅇ, ㄲ, ㄸ, ㅃ'을 떠올리면서 낱말을 완성하도록 지도해 주세요.

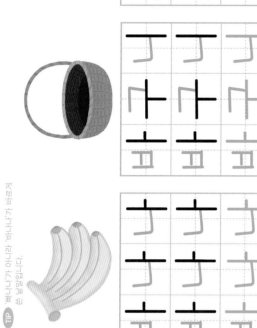

TIP '거미'라는 낱말에서 자음자는 'ㄱ'과 'ㅁ'이라고 알려 주세요. 다른 낱말도 이와 같은 방법으로 지도해 주세요.

TIP 세로로 된 낱말 외에도 'ㄱ'은 '가구', 'ㄴ'은 '나무', 'ㄷ'은 '디귿', 'ㅁ'은 '미리' 등과 같이 각 자음자가 들어간 낱말을 찾아 쓸 수 있도록 지도해 주세요. 어휘 확장에 도움이 됩니다.

◆ 올바르게 쓴 글자를 따라 써 보세요.

쓰기 순서	이름	따라 쓰기		
ㅋ	기역	ㅋ	ㅋ	ㅋ
ㅌ	티읕	ㅌ	ㅌ	ㅌ
ㅍ	피읖	ㅍ	ㅍ	ㅍ
ㅎ	히읗	ㅎ	ㅎ	ㅎ
ㅆ	쌍시옷	ㅆ	ㅆ	ㅆ
ㅉ	쌍지읒	ㅉ	ㅉ	ㅉ

내 이름은 '키읔'이 아니고 '키으,크'이야.

내 이름은 '티긑'이 아니고 '티으,트'이야.

TIP 'ㅋ(키읔)'과 'ㄱ(키읔)'의 이름을 정확히 알려 주세요.

TIP 'ㄷ(디귿)'과 'ㅌ(티읕)'의 이름을 정확히 알려 주세요.

같은 자음자 두 개를 나란히 쓰는 쌍자음은 왼쪽 자음자부터 하나씩 차례대로 씁니다.

기다이

정답과 해설

1주차 2회

자음자 쓰기 2

어떻게 쓸까요

☆ 자음자 중에서 기본 자음 'ㅅ, ㅇ, ㅈ, ㅊ, ㄱ, ㄷ, ㅌ, ㅍ, ㅎ'과 쌍자음 'ㅆ, ㅉ'을 배워요. 자음자의 이름을 소리 내어 읽으면서, 쓰는 순서대로 따라 쓰기를 하면 쉽게 배울 수 있습니다.

✏ 자음자의 이름을 소리 내어 읽으면서 순서대로 따라 써 봅니다.

쓰기 순서	이름	따라 쓰기		
ㅅ	시옷	ㅅ	ㅅ	ㅅ
ㅇ	이응	ㅇ	ㅇ	ㅇ
ㅈ	지읒	ㅈ	ㅈ	ㅈ
ㅊ	치읓	ㅊ	ㅊ	ㅊ

내 이응은 '시읏'이 아니고 '시옷'이야.

TIP 'ㅇ(이응)'은 왼쪽에서 오른쪽으로 돌려서 한 획으로 한 번에 이어 쓰도록 지도해 주세요.

우리 둘은 많이 닮아지만 다른 자음자야.

◆ 흐리게 쓴 글자를 따라 써 보세요.

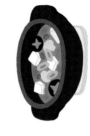
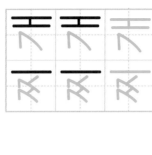

TIP 그림을 보고 낱말을 낱말을 소리 내어 읽으면서 쓰도록 지도해 주세요.

오늘 배운 자음자의 이름을 떠올려 보고, 아는 것에 ☑표를 해 보세요.

체크

□ ㅅ (시옷)	□ ㅇ (이응)	□ ㅌ (티읕)
□ ㅈ (지읒)	□ ㅆ (쌍시옷)	□ ㅋ (키읔)
□ ㅈ (지읒)	□ ㅆ (쌍지읒)	□ ㅍ (피읖)
□ ㅉ (쌍지읒)	□ ㅎ (히읗)	

이렇게 써 봐요

알맞은 자음자를 써넣어 낱말을 완성하고 따라 써 보세요.

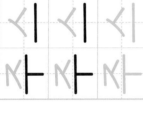
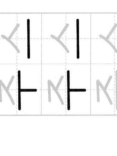

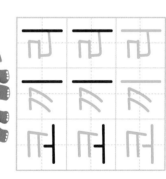

TIP 〈어떻게 쓸까요〉에서 학습한 'ㅅ, ㅇ, ㅈ, ㅊ, ㅋ, ㅌ, ㅍ, ㅎ, ㄲ, ㄸ, ㅃ, ㅆ, ㅉ'을 떠올리면서 낱말을 완성할 수 있도록 지도해 주세요.

TIP 어휘 확장에 도움이 되도록 ㅊ으로 시작하는 낱말로 '치표, 차비' 등을 예로 들어 알려 주세요. 제시된 다른 낱말에서도 동일한 지도를 해 주세요.

모음자 쓰기 1

흐리게 쓴 글자를 따라 써 보세요.

쓰기 순서	이름	따라 쓰기					
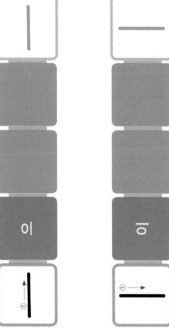	요			ㅛ	ㅛ	ㅛ	
	우			ㅜ	ㅜ	ㅜ	
	유			ㅠ	ㅠ	ㅠ	
	으			ㅡ	ㅡ	ㅡ	
	이			ㅣ	ㅣ	ㅣ	

 기억해요
모음자를 쓸 때에는 위에서 아래로, 왼쪽에서 오른쪽으로 씁니다.

3회 모음자 쓰기 1

어떻게 쓸까요

모음자 중에서 'ㅏ, ㅑ, ㅓ, ㅕ, ㅗ, ㅛ, ㅜ, ㅠ, ㅡ, ㅣ'를 배워요. 모음자의 이름을 소리 내어 읽으면서 쓰는 순서대로 따라 쓰기를 하면 쉽게 배울 수 있습니다.

모음자의 이름을 소리 내어 읽으면서 쓰는 순서대로 따라 써 봅니다.

쓰기 순서	이름	따라 쓰기		
	아		ㅏ	ㅏ
	야		ㅑ	ㅑ
	어		ㅓ	ㅓ
	여		ㅕ	ㅕ
	오		ㅗ	ㅗ

또바르게 쓴 글자를 따라 써 보세요.

TIP 두더쥐가 아니고 두더지가 바르게 쓴 낱말입니다.

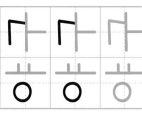

오늘 배운 모음자의 이름을 떠올려 보고, 아는 것에 ☑표를 해 보세요.

☐ ㅏ (아) ☐ ㅑ (야) ☐ ㅓ (어) ☐ ㅕ (여)
☐ ㅗ (오) ☐ ㅛ (요) ☐ ㅜ (우) ☐ ㅠ (유)
☐ ㅗ (오) ☐ ㅣ (이) ☐ ㅡ (으) ☐ ㅣ (이)

체크 ☑

이렇게 써 봐요

알맞은 모음자를 써넣어 낱말을 완성하고 따라 써 보세요.

TIP 〈어떻게 쓸까요?〉에서 학습한 'ㅏ, ㅑ, ㅓ, ㅕ, ㅗ, ㅛ, ㅜ, ㅠ, ㅡ, ㅣ'를 떠올리면서 낱말을 완성하도록 지도해 주세요.

TIP 모음자의 오른쪽이나 아래쪽에 씁니다. 이때 받침이 없는 글자는 '자음자 + 모음자'의 짜임으로 이루어진다고 알려 주세요.

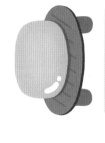

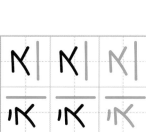

TIP '아구'의 '아'나 '여우'의 '여우'의 어느 글자가 모음자의 이름과 같음을 알려 주세요. 이때 '아'나 '여'에 쓰인 자음자가 'ㅇ(이응)'이라고 알려 주세요.

4회 모음자 쓰기 2

어떻게 쓸까요

모음자 중에서 'ㅐ, ㅒ, ㅔ, ㅖ, ㅘ, ㅙ, ㅚ, ㅝ, ㅞ, ㅟ, ㅢ'를 배워요. 모음자의 이름을 소리 내어 읽어요. 모음자의 이름을 소리 내어 읽으면서, 쓰는 순서대로 따라 쓰기를 하면 쉽게 배울 수 있습니다.

모음자의 이름을 소리 내어 읽으면서 순서대로 따라 써 봅니다.

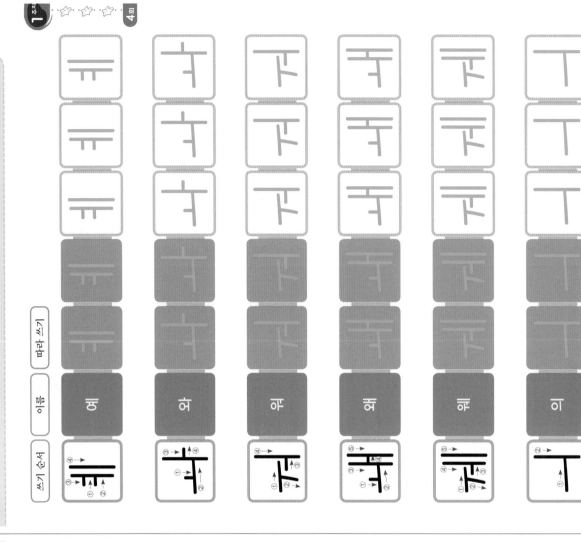

쓰기 순서	이름	따라 쓰기				
	애					
	에					
	어					
	아					
	얘					

흐리게 쓴 글자를 따라 써 보세요.

쓰기 순서	이름	따라 쓰기				
	예					
	와					
	왜					
	외					
	워					
	의					

ㅐ, ㅔ, ㅘ, ㅝ, ㅐ, ㅖ, ㅙ, ㅞ, ㅐ, ㅔ, ㅐ 등의 모음의 모음자는 비슷하게 소리가 납니다. 잘 구별해서 써야 합니다.

기린이

흐리게 쓴 글자를 따라 써 보세요.

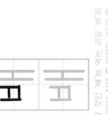

돼	지
돼	지
돼	지

샤	워
샤	워
샤	워

화	가
화	가
화	가

의	자
의	자
의	자

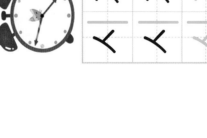

스	웨	터
스	웨	터
스	웨	터

TIP '웨터'는 '스웨터'의 잘못된 표현입니다. 표준어인 '스웨터'라고 지도해 주세요.

오늘 배운 모음자의 이름을 떠올려 보고, 아는 것에 ✔표를 해 보세요.

✔ 체크

ㅒ (얘)	ㅔ (에)	ㅖ (예)
ㅐ (애)	ㅐ (얘)	ㅢ (의)
ㅖ (예)	ㅟ (위)	ㅞ (웨)
ㅐ (애)	ㅘ (와)	ㅚ (외)
ㅒ (얘)	ㅟ (위)	ㅞ (웨)

✏️ 엄마와 써 보기

알맞은 모음자를 써넣어 낱말을 완성하고 따라 써 보세요.

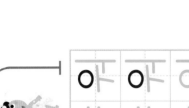

화	사
화	사
화	사

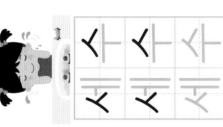

세	수
세	수
세	수

| 배 |
| 배 |
| 배 |

TIP 〈어떻게 쓸까요〉에서 학습한 ㅐ, ㅒ, ㅔ, ㅖ, ㅘ, ㅙ, ㅚ, ㅝ, ㅞ, ㅟ, ㅢ를 떠올리면서 낱말을 완성하도록 지도해 주세요.

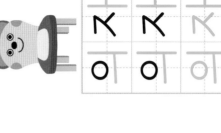

시	계
시	계
시	계

얘	기
얘	기
얘	기

TIP '이야기'를 줄여서 쓰는 말이 '얘기'라고 지도해 주세요.

| 쥐 |
| 쥐 |
| 쥐 |

TIP 틀릴 것인 '베'는 먹는 과일 '배'와 사람의 신체 중 일부인 '배'와 똑은 다른지만 글자는 같다고 알려 주세요.

5회 어떻게 쓸까요

받침 없는 글자 만들어 쓰기

자음자와 모음자를 합하여 받침 없는 글자를 만들어 봅니다.

✏️ 자음자와 모음자로 글자를 만들고 따라 써 봅니다.

ㅈ + ㅏ → 자 자

TIP 글자를 쓸 때에는 자음자를 먼저 쓰고 모음자를 씁니다. 글자에서 자음자 'ㅈ'과 모음자 'ㅏ'를 찾도록 지도해 주세요.

ㅇ + ㅑ → 야 야

TIP '야'에서는 'ㅇ'이 자음자이고 'ㅑ'가 모음자임을 알려 주세요.

ㄴ + ㅓ → 너 너

TIP 글자를 쓸 때에는 자음자와 모음자를 쓰는 순서대로 바르게 쓰도록 지도해 주세요.

ㅍ + ㅕ → 펴 펴

ㅋ + ㅣ → 키 키

TIP "ㅏ, ㅑ, ㅓ, ㅕ, ㅣ"는 자음자의 오른쪽에 쓰는 모음자입니다.

⭐ 흐리게 쓴 글자를 따라 써 보세요.

9

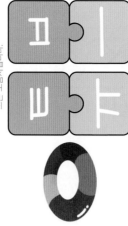

ㄱ + ㅜ → 구구 구

ㅍ + ㅛ → 표표 표

ㅊ + ㅗ → 초초 초

TIP 받침 없는 글자의 짜임은 '자음자 + 모음자'임을 알려 주세요.

ㅌ + ㅠ → 튜 피 튜

TIP "ㅗ, ㅛ, ㅜ, ㅠ, ㅡ"는 자음자 아래에 쓰는 모음자입니다.

TIP 같은 자음자라도 만나는 모음자에 따라 글자의 이름이 달라집니다. 자음자 'ㄱ'이 모음자 'ㅜ'를 만나면 글자 '구'가 되고, 자음자 'ㄱ'이 모음자 'ㅗ'를 만나면 글자 '고'가 됩니다.

ㅇ + ㅠ → 유 유

ㄷ + ㅜ → 두 두

TIP 콩으로 만든 우유 같은 음료를 두유라고 합니다.

흐리게 쓴 글자를 따라 써 보세요.

요 요 요
요 요 요

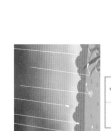

퍄 퍄 퍄

소 소 소

뚜 뚜 뚜

마 마 마

5

어 어 어

TIP 숫자 '5'는 '오'라고 읽습니다.

이렇게 써 보세요

글자의 짜임을 생각하며 낱말을 써 보세요.

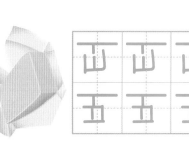

탸 탸 탸

챠 챠 챠

표 표 표

향 향 향

ㅇ ㅇ ㅇ

꿔 꿔 꿔

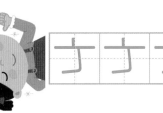

ㅏ ㅏ ㅏ

TIP 받침 없는 글자의 짜임은 '자음자 + 모음자'입니다. 글자를 쓸 때에는 먼저 자음자를 쓰고, 모음자를 자음자의 오른쪽이나 아래쪽에 씁니다.

TIP '이빨'은 '이'를 낮잡아 이르는 말입니다. 표준어는 '이'라고 지도해 주세요.

참 잘했어요

동물 친구들이 자음자와 모음자로 만든 글자가 쓰인 뗏목을 타려고 해요. 알맞은 뗏목을 찾아 글자를 쓰고 선으로 이어 보세요.

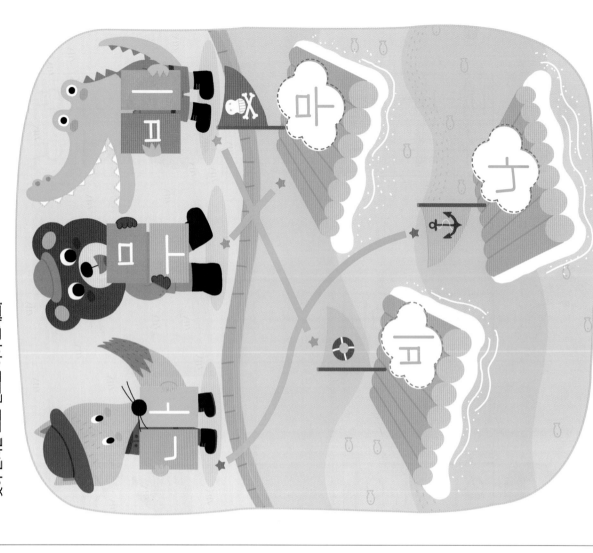

해설 | 동물 친구들이 만든 글자는 '나', '무', '비'입니다.

정답과 해설 **12**

아하~ 알았어요

그림 속에 자음자 다섯 개가 숨어 있었요. 어디에 숨었나 자음자를 찾아 ○표 해 보세요.

해설 | 자음자 'ㄴ, ㄷ, ㅁ, ㅅ, ㅎ'이 숨어 있습니다.

낱말에 공통으로 들어 있는 모음자를 찾아 빈칸에 써 보세요.

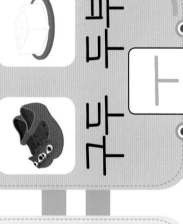

박쥐 구두 부부 ㅜ

초 포도 ㅗ

해설 | 자음자 'ㄱ, ㄷ', 'ㅂ'이 각각 모음자 'ㅜ'를 만나 글자 '구, 두, 부'가 만들어졌어요.

해설 | 자음자 'ㅍ, ㄷ', 'ㅊ'이 각각 모음자 'ㅗ'를 만나 글자 '포, 도, 초'가 만들어졌습니다.

쓰기가
문해력
이다

P단계

2주차 정답과 해설

흐리게 쓴 글자를 따라 써 보세요.

잠	잠
잠	잠

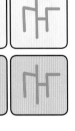
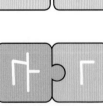

자 + ㅁ

커피	커피
커피	커피

커 + 피

빗	빗
빗	빗

비 + ㅅ

양	양
양	양

아 + ㅇ

TIP 글자는 '잠'에서 'ㅁ' 대신 'ㅇ'을 받침으로 써면 '장'이 되듯이 예로 든 글자에 다른 자음자를 받침으로 쓰인 글자를 알려 주세요.

글자는 '자'처럼 '자음자 + 모음자'로 만들어지거나 '잠'처럼 '자음자 + 모음자 + 자음자'로 만들어집니다.
'자음자 + 모음자', '모음자', '모음자 + 자음자'로 합쳐지면 글자가 만들어지지 않습니다.

기린

쉬운 받침이 있는 글자 만들어 쓰기

어떻게 쓸까요

★ ㄱ, ㄴ, ㄹ, ㅁ, ㅂ, ㅅ, ㅇ 받침이 있는 글자를 만들어 써 봅니다.

알맞은 자음자를 넣어 받침이 있는 글자를 만들고 따라 써 봅니다.

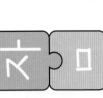
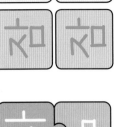

국	국
국	국

구 + ㄴ

산	산
산	산

사 + ㄴ

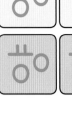

돌	돌
돌	돌

도 + ㄹ

글자에서 아래쪽에 있는 자음자를 '받침'이라고 해.

TIP 손가락의 '손'이나 '받침'의 받침의 'ㄷ'이 받침으로 들어가는 글자도 씻음을 알려 주세요.

흐리게 쓴 글자를 따라 써 보세요.

| 못 | 못 | 못 |

| 손 | 손 | 손 |

| 빵 | 빵 | 빵 |

| 칼 | 칼 | 칼 |

| 발 | 발 | 발 |

| 집 | 집 | 집 |

| 약 | 약 | 약 |

| 곰 | 곰 | 곰 |

오늘의 숙제

받침에 주의하며 낱말을 따라 써 보세요.

| 말 | 말 | 말 |

| 섬 | 섬 | 섬 |

| 눈 | 눈 | 눈 |

| 공 | 공 | 공 |

| 상 | 상 | 상 |

| 밥 | 밥 | 밥 |

| 옷 | 옷 | 옷 |

| 팔 | 팔 | 팔 |

TIP | 자음자 ㄱ | + | 모음자 ㅗ | + | 자음자 ㅇ | = | 공 | 처럼 각 글자를 글자의 짜임에 따라 나누어 보도록 지도해 주세요.

TIP 각각의 글자에서 받침으로 쓰인 자음자는 무엇인지 알려 주세요.

2회 받침이 없는 낱말 쓰기 1

어떻게 쓸까요

☆ 받침이 없는 두 글자로 된 낱말을 바르게 써 봅니다.

✏ 글자의 짜임을 생각하며 낱말을 따라 써 봅니다.

 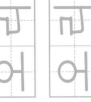

토끼 → ㅌ ㅜ / ㄲ ㅣ

토끼　토끼

소라 → ㅅ ㅗ / ㄹ ㅏ

소라　소라

바다 → ㅂ ㅏ / ㄷ ㅏ

 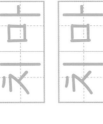

바다　바다

❀ 흐리게 쓴 글자를 따라 써 보세요.

오리 → ㅇ ㅜ / ㄹ ㅣ

오리　오리

치마 → ㅊ ㅣ / ㅁ ㅏ

치마　치마

포도 → ㅍ ㅗ / ㄷ ㅜ

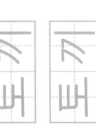

포도　포도

TIP 예로 든 낱말 외에도 '바지'나 '시소' 등 받침이 없는 두세 글자로 이루어진 낱말을 말해 보도록 지도해 주세요.

받침이 없는 낱말은 '자음자 + 모음자'의 짜임으로 된 글자들로만 이루어져 있습니다.

기차야

※ 흐리게 쓴 글자를 따라 써 보세요.

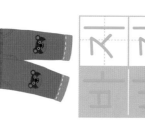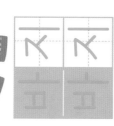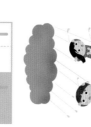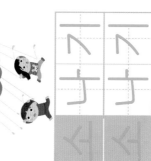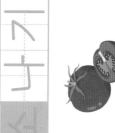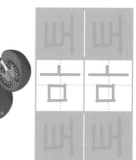

오리

치마

포도

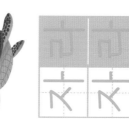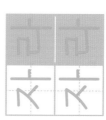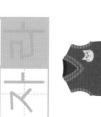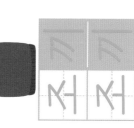

예쁘게 써 보기

〈어떻게 쓸까요〉에서 배운 낱말과 같은 글자가 들어 있는 낱말을 소리 내어 읽으면서 따라 써 보세요.

바다

소라

토끼

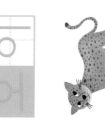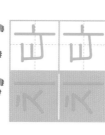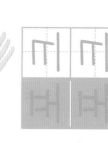

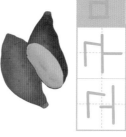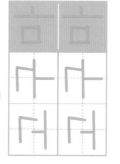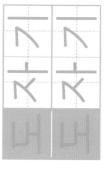

흐리게 쓴 글자를 따라 써 보세요.

채소
채소

채소 → 채 소 → ㅊ ㅐ / ㅅ ㅗ

가위
가위

가위 → 가 위 → ㄱ ㅏ / ㅇ ㅟ

체리
체리

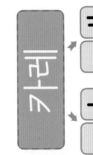
체리 → 체 리 → ㅊ ㅔ / ㄹ ㅣ

기적이

같은 자음자라도 어떤 모음자를 만나느냐에 따라 다른 글자가 만들어집니다. ㅏ, ㅣ, ㅗ, ㅜ, ㅔ, ㅐ, ㅘ, ㅟ 등이 붙을 수 있듯이 같은 자음자라도 어떤 모음자를 만나느냐에 따라 다른 글자가 만들어집니다.

3회

받침이 없는 낱말 쓰기 2

어떻게 쓸까요

☆ 받침이 없는 두세 글자로 된 낱말 중 복잡한 모음이 있는 낱말을 바르게 써 봅니다.

✏ 글자의 짜임을 생각하며 낱말을 따라 써 봅니다.

개미
개미

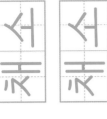
개미 → 개 미 → ㄱ ㅐ / ㅁ ㅣ

TIP 자음자와 복잡한 모음자를 잘 구분할 수 있도록 지도해 주세요.

사과
사과

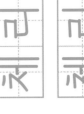
사과 → 사 과 → ㅅ ㅏ / ㄱ ㅘ

카레
카레

카레 → 카 레 → ㅋ ㅏ / ㄹ ㅔ

TIP 카레를 밥에 얹어 먹는 음식이 '카레라이스'입니다.

즐겁게 쓴 글자를 따라 써 보세요.

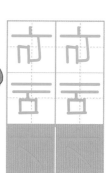

채소

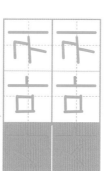

가위

체리

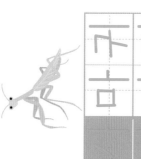
TIP '소화기'는 불을 끄는 기구입니다.

TIP 주사를 놓는 기구는 '주사기'입니다.

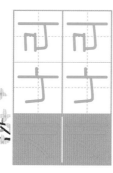
TIP '귀고리'는 '귀걸이'라고도 할 수 있습니다. 둘 다 표준어입니다.

연습해 보기

〈어떻게 쓸까요〉에서 배운 낱말과 같은 글자가 들어 있는 낱말을 소리 내어 읽으면서 따라 써 보세요.

개미

사과

카레

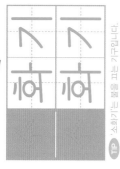

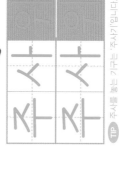

흐리게 쓴 글자를 따라 써 보세요.

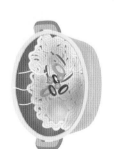

가방 → 가방

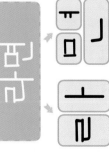
가방
ㄱ ㅏ → ㅂ ㅏ ㅇ

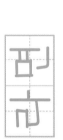

엉엉 → 엉엉

엉엉
ㅇ ㅓ → ㅇ ㅏ ㅎ

기린 → 기린

기린
ㄱ ㅣ → ㄹ ㅣ ㄴ

받침이 있는 글자에서 자음자는 첫소리와 끝소리가 되고, 모음자는 가운뎃소리가 됩니다.

첫소리 ← ㅂ → 가운뎃소리
ㅏ
ㅇ → 끝소리

기린이

쉬운 받침이 있는 낱말 쓰기 1

☆ ㄴ, ㄹ, ㅁ, ㅂ, ㅅ, ㅇ 받침이 하나 있는 두세 글자 낱말을 바르게 써 봅니다.

✏ 글자의 짜임을 생각하며 낱말을 따라 써 봅니다.

혼밥 → 혼밥

혼밥
ㅎ ㅗ ㄴ → ㅂ ㅏ ㅎ

감자 → 감자

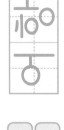
감자
ㄱ ㅏ ㅁ → ㅈ ㅏ

TIP · '혼밥'의 경우 글자 '혼'은 '자음자(ㅎ) + 모음자(ㅗ) + 자음자(ㄴ)'로, 글자 '밥'은 '자음자(ㅂ) + 모음자(ㅏ) + 자음자(ㅂ)'로 이루어져 있음을 알려 주세요. 제시된 낱말 다 칸은 방향으로 지도해 주세요.

라면 → 라면

라면
ㄹ ㅏ → ㅁ ㅕ ㄴ

흐리게 쓴 글자를 따라 써 보세요.

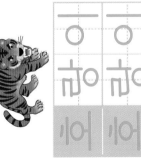

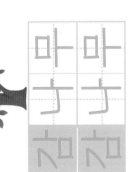
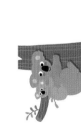
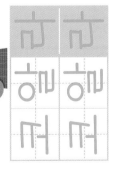

가족

여행

기린

응용해 써 봐요

〈어떻게 쓸까요〉에서 배운 낱말과 같은 글자가 들어 있는 낱말을 소리 내어 읽으면서 따라 써 보세요.

TIP 제시된 각각의 낱말에서 받침 있는 글자는 무엇인지 찾아보도록 지도해 주세요.

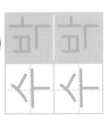

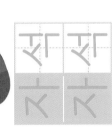

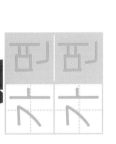

호랑이

감자

코알라

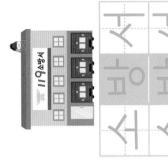

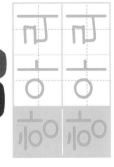

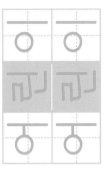

흐리게 쓴 글자를 따라 써 보세요.

냄비
냄비

냄비 → ㅐ ㅂ ㅣ / ㄱ ㅁ ㄷ

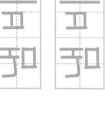

참외
참외

참외 → ㅊ ㅏ ㅁ / ㅇ ㅗ ㅣ

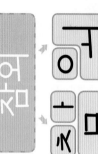

생쥐
생쥐

생쥐 → ㅅ ㅐ ㅇ / ㅈ ㅜ ㅣ

가이드: 모음자 'ㅏ, ㅑ, ㅓ, ㅕ, ㅗ, ㅛ, ㅜ, ㅠ, ㅡ, ㅣ'는 기본 모음자입니다. 복잡한 모음자 'ㅐ, ㅒ, ㅔ, ㅖ, ㅘ, ㅙ, ㅚ, ㅝ, ㅞ, ㅟ, ㅢ'가 들어간 낱말을 주의해서 쓰도록 합니다.

쉬운 받침이 있는 낱말 쓰기 2

어떻게 쓸까요

☆ 'ㄱ, ㄴ, ㄹ, ㅁ, ㅂ, ㅅ, ㅇ' 받침이 하나 있는 두세 글자 낱말 중 복잡한 모음이 있는 낱말을 바르게 써 봅니다.

✏ 글자의 짜임을 생각하며 낱말을 따라 써 봅니다.

과일
과일

과일 → ㄱ ㅗ ㅏ / ㅇ ㅣ ㄹ

물개
물개

물개 → ㅁ ㅜ ㄹ / ㄱ ㅐ

화산
화산

화산 → ㅎ ㅗ ㅏ / ㅅ ㅏ ㄴ

흐리게 쓴 글자를 따라 써 보세요.

 비행기

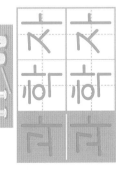 여우

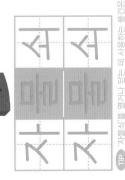 다람쥐

 생선

 참새

 생수

이렇게 써요

〈어떻게 쓸까요?〉에서 배운 낱말과 같은 글자가 들어 있는 낱말을 소리 내어 읽으면서 따라 써 보세요.

오늘 / 내일 / 어제

  해님

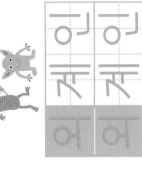 귀개

 새싹

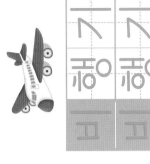 과일

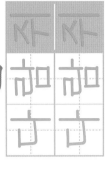 물개

화산

TIP 자물쇠를 열거나 닫는 데 사용하는 물건은 '열쇠'입니다.

TIP 앞음절부터 읽음에까지 7급을 '이웃앙이라라고 한다.

아하~ 알았어요

맞춤법이 틀린 것을 바르게 고쳐 쓰고, 100점짜리 답안지를 만들어 주세요.

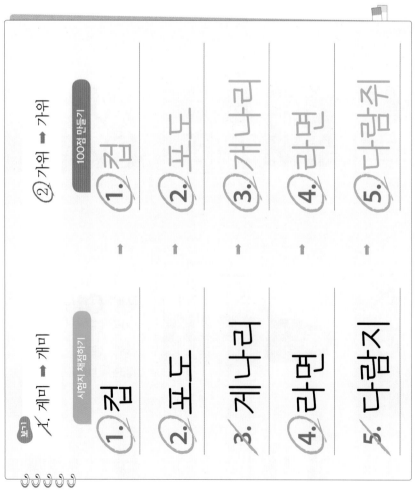

보기

시험지 채점하기　　100점 만들기

예) 게미 → 개미　　　가위 → 가위

1. 껌　→　껌
2. 포도　→　포도
3. 개내리　→　개나리
4. 라면　→　라면
5. 다람지　→　다람쥐

동물들의 이름표가 찢어졌어요. 알맞은 이름이 되도록 줄로 이어 주세요.

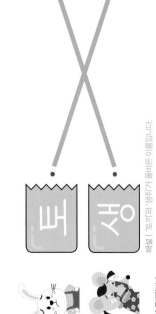

쥐　　끼

토　　생

참 잘했어요

돼지가 친구 집에 놀러 가려고 해요. 가는 길에 놓인 물건 이름에는 어떤 자음자가 받침으로 쓰였는지 잘 찾아 길을 따라가 보세요.

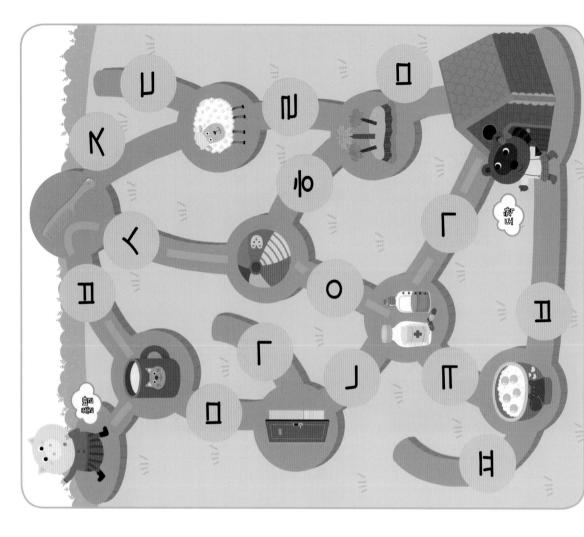

쓰기가
문해력이다

P단계

3주차 정답과 해설

흐리게 쓴 글자를 따라 써 보세요.

바닥
바닥 → ㅂ ㅏ / ㄷ ㅏ ㄱ

약국
약국 → ㅇ ㅑ ㄱ / ㄱ ㅜ ㄱ

선물
선물 → ㅅ ㅓ ㄴ / ㅁ ㅜ ㄹ

'자음자＋모음자＋자음자'로 이루어진 받침이 있는 낱말의 짜임을 알아봅니다.

자음자 → 모음자 → 자음자

약

옷

자음자 → 모음자
자음자

자음자 → 자음자 → 모음자

 기다려!

1회

쉬운 받침이 있는 낱말 쓰기 3

어떻게 쓸까요

'ㄱ, ㄴ, ㄹ, ㅁ, ㅂ, ㅅ, ㅇ' 받침이 둘 이상 있는 두세 글자 낱말을 익히고 바르게 써 봅니다.

✏ 글자의 짜임을 생각하며 낱말을 따라 써 봅니다.

신발
신발 → ㅅ ㅣ ㄴ / ㅂ ㅓ ㄹ

TIP 모음자가 첫 자음자의 오른쪽에 오는 글자에 받침자를 쓴 모양입니다.

옷장
옷장 → ㅇ ㅗ ㅅ / ㅈ ㅏ ㅇ

TIP 모음자가 첫 자음자의 아래쪽에 오는 글자에 받침자를 쓴 모양입니다.

필통
필통 → ㅍ ㅣ ㄹ / ㅌ ㅜ ㅇ

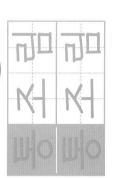

반달

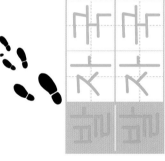

목욕

선물

TIP 똑가리라고 쓰면 잘못된 표기입니다.

응용 써 보세요

〈어떻게 쓸까요〉에서 배운 낱말과 같은 낱말이 들어 있는 낱말들 소리 내어 읽으면서 따라 써 보세요.

신발

옷장

필통

TIP 예로 든 낱말 외에도 '신사', '발가락'처럼 글자 '신'이 들어가는 낱말과 '발'이 들어가는 낱말을 함께 쓸 수 있도록 지도해 주세요. 제시된 낱말들도 같은 방법으로 지도해 주세요.

초록색 글자를 따라 써 보세요.

색칠 →
ㅅ ㅐ ㄴ
ㅊ ㅣ ㄹ

색칠 / 색칠

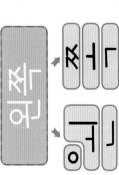

백합 →
ㅂ ㅐ ㄴ
ㅎ ㅏ ㅂ

백합 / 백합

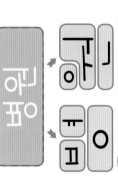
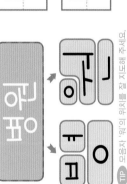

응원 →
ㅇ ㅣ ㄴ
ㅎ ㅐ ㅇ

응원 / 응원

모음자 중에서 'ㅝ, ㅙ, ㅚ'와 같은 모음자의 모양을 잘 보고 글자의 짜임을 정확히 읽어봅니다.

자음자 → ㅇ ㅣ → 모음자
자음자

기러기

2회 쉬운 받침이 있는 낱말 쓰기 4

어떻게 쓸까요

☆ ㄱ, ㄴ, ㄹ, ㅁ, ㅂ, ㅅ, ㅇ 받침이 들어 있는 두세 글자 낱말을 익히고 바르게 써 봅니다.

🖉 글자의 짜임을 생각하며 낱말을 따라 써 봅니다.

공책 →
공: ㄱ ㅗ ㅇ
책: ㅊ ㅐ ㄴ

공책 / 공책

TIP 'ㅏ, ㅑ, ㅓ, ㅕ, ㅗ, ㅛ, ㅜ, ㅠ, ㅡ, ㅣ' 외에 복잡한 모음자가 있는 낱말들입니다.

병원 →
병: ㅂ ㅕ ㅇ
원: ㅇ ㅜ ㅓ ㄴ

병원 / 병원

TIP 모음자 '워'의 위치를 잘 지도해 주세요.

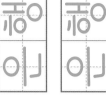
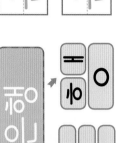

왼쪽 →
왼: ㅇ ㅜ ㅣ ㄴ
쪽: ㅉ ㅗ ㄱ

왼쪽 / 왼쪽

흐리게 쓴 글자를 따라 써 보세요.

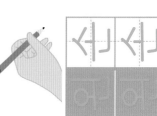

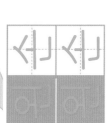

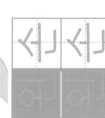

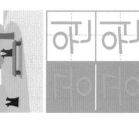
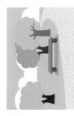

TIP
합창은 여러 사람이 목소리를 맞추어서
노래를 부르는 것을 말합니다.

색칠

백화

은행

이렇게 써 봐요

✏️ <어떻게 쓸까요?>에서 배운 낱말과 같은 글자가 들어 있는 낱말을 소리 내어 읽으면서 따라 써 보세요.

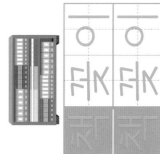

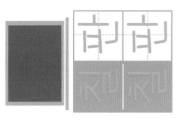

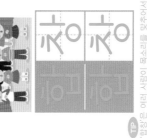

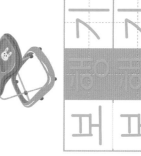

공책

백화

왼쪽

ㅅ ㅜ ㅌ
ㅂ ㅏ ㅁ

→ 밤솥

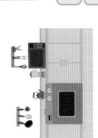

밤솥

ㄴ ㅓ ㅍ
ㅎ ㅏ ㅇ

→ 헝겊

헝겊

TIP 'ㅍ' 받침은 'ㅂ'으로 잘못 쓰기 쉬우니까 주의하도록 지도해 주세요.

ㅅ ㅣ
ㄴ ㅏ ㄲ

→ 낚시

낚시

TIP 'ㄲ' 받침은 'ㄱ'으로 잘못 쓰기 쉬우니까 주의하도록 지도해 주세요.

기적이: '있다', '갔다'와 같이 'ㅆ, ㅅ'이 받침으로 쓰이는 낱말도 있답니다.

3회 어려운 받침이 있는 낱말 쓰기 1

3주차 3회

어떻게 쓸까요

ㄷ, ㅅ, ㅈ, ㅊ, ㅋ, ㅌ, ㅍ, ㅎ, ㄲ 받침이 있는 두세 글자 낱말을 익히고 바르게 써 봅니다.

글자의 짜임을 생각하며 낱말을 따라 써 봅니다.

ㄷ ㅜ ㅁ
ㄴ ㅜ ㅈ

꼳감
꼳감

ㅂ ㅣ ㅊ
ㅎ ㅐ ㅅ

햇빛
햇빛

TIP 'ㄷ, ㅅ, ㅈ, ㅊ, ㅋ, ㅌ' 받침은 소리 나는 대로 쓰기 쉬우니까 주의하도록 지도해 주세요.

ㅇ ㅓ ㅂ
ㅜ ㅂ

훕부
훕부

✿ 흐리게 쓴 글자를 따라 써 보세요.

TIP 'ㅜ' 받침과 'ㅠ' 받침이 헷갈리지 않도록 지도해 주세요.

TIP 'ㅎ' 받침이 들어가는 낱말입니다.

TIP 'ㅎ' 받침이 들어가는 낱말입니다.

이렇게 써 봐요

✏ 어려운 받침이 있는 낱말을 소리 내어 읽으면서 따라 써 보세요.

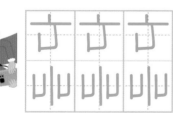

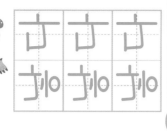

TIP 'ㄷ' 받침이 쓰이는 낱말입니다.

TIP 'ㅈ' 받침과 'ㅊ' 받침에 주의해서 쓰도록 지도해 주세요.

흐리게 쓴 글자를 따라 써 보세요.

핥다 → 하 ㄷ ㅏ / 하 ㄹㅌ

싫다 → 시 ㄷ ㅏ / 시 ㄹㅎ

TIP 서로 다른 두 개의 자음으로 이루어진 받침에는 'ㄱㅅ, ㄹㅅ, ㄹㅍ'도 있습니다.

없다 → 어 ㄷ ㅏ / 어 ㅂㅅ

기억해요
서로 다른 두 개의 자음으로 이루어진 받침을 겹받침이라고 합니다. 겹받침이 들어 있는 낱말의 짜임을 잘 보고 익혀 둡니다.

4회 어려운 받침이 있는 낱말 쓰기 2

어떻게 쓸까요

☆ 'ㄴㅈ, ㄴㅎ, ㄹㄱ, ㄹㅁ, ㄹㅂ, ㄹㅌ, ㄹㅎ, ㅂㅅ'처럼 서로 다른 두 개의 자음으로 이루어진 받침이 있는 낱말을 익히고 바르게 써 봅니다.

글자의 짜임을 생각하며 낱말을 따라 써 봅니다.

앉다 → 아 ㄷ ㅏ / 아 ㄴㅈ

많다 → 마 ㄷ ㅏ / 마 ㄴㅎ

닮다 → 다 ㄷ ㅏ / 다 ㄹㅁ

◈ 흐리게 쓴 글자를 따라 써 보세요.

엷	짧	넓

영글

TIP [여물]이라고 읽도록 지도해 주세요.

널따

TIP [널따]라고 읽도록 지도해 주세요.

짧다

TIP [짤따]라고 읽도록 지도해 주세요.

TIP '가엾다'는 '가엽다'라고도 쓰며, 둘 다 표준어입니다.

가엾다

TIP [읊타]라고 읽도록 지도해 주세요.

읊다

TIP [뚤타]라고 읽도록 지도해 주세요.

뚫다

엉터리 쓰기

✏ 어려운 받침이 있는 낱말을 소리 내어 읽으면서 따라 써 보세요.

얽기

끊다

엮다

넓다

TIP [마]라고 읽도록 지도해 주세요.

찰흙

앉다

5회 두 낱말을 합하여 만든 낱말 쓰기

오늘배울 개념쏙쏙

☆ 낱말 두 개를 합하여 만든 낱말을 이어고 바르게 써 봅니다.

✎ 두 낱말을 합하여 만든 낱말을 따라 써 봅니다.

김 + 밥 → 김밥

TIP '김'과 '밥'을 합하여 만든 낱말이 '김밥'입니다. 나누어진 각각의 낱말 뜻을 설명해 주세요.

비 + 옷 → 비옷

TIP '비'가 올 때 입는 옷이 '비옷'입니다.

낮 + 잠 → 낮잠

TIP '낮'에 자는 '잠'이 '낮잠'입니다.

● 흐리게 쓴 글자를 따라 써 보세요.

눈 + 사람 → 눈사람

TIP '눈'으로 '사람' 모양을 만든 것이 '눈사람'입니다.

종이 + 배 → 종이배

TIP '종이'로 만든 '배'가 '종이배'입니다.

책 + 가방 → 책가방

TIP '책'을 넣어 가지고 다니는 '가방'이 '책가방'입니다.

김 + 밥 → 김밥

'김 + 밥 → 김밥'처럼 합쳐지기 전의 '김'과 '밥'도 각각 하나의 낱말입니다.

기린이

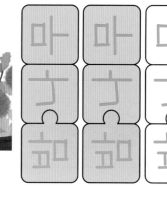

바르게 써 보아요

어떤 낱말을 합하여 만든 낱말인지 생각하며 소리 내어 읽으면서 따라 써 보세요.

TIP 낱말은 눈과 물이 합쳐진 것이라고 설명하고, 제시된 낱말들을 두 낱말로 나누어 보도록 지도해 주세요.

눈물	눈물	눈
비	비	비

산길	산길	산
길		

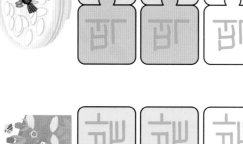

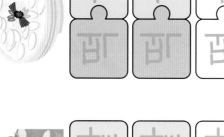

솜사탕	솜사탕	솜
사탕		

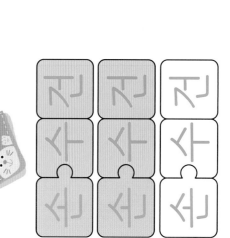

거미줄	거미줄	거미
줄		

TIP '꿀이 들어가는 낱말로 '꿀벌', '비' 가 들어가는 낱말로 '여름비'처럼 각각의 낱말로 또 다른 낱말을 만들어 보도록 지도해 주세요.

꿀	꿀	꿀
벌	벌	벌

꽃	꽃	꽃
밭	밭	밭

벌	벌	벌
집	집	집

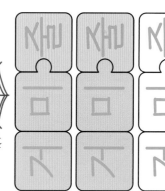

밤	밤	밤
나무	나무	나무

손	손	손
수건	수건	수건

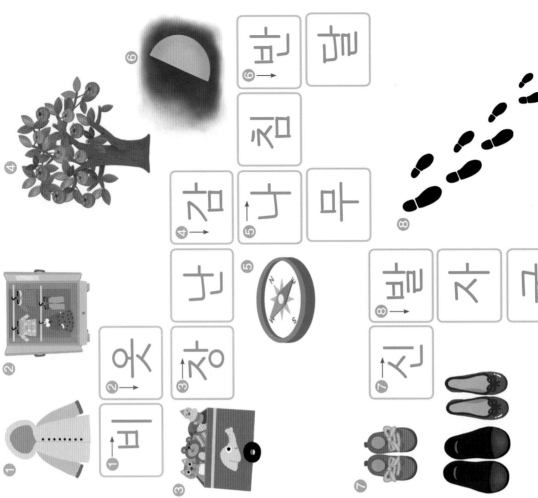

참 잘했어요

그림을 잘 보고 빈칸에 알맞은 낱말을 써넣어 보세요.

① 미
② 옷
③ 창
④ 감
⑤ 나
무
집
⑥ 반
달
⑦ 신
⑧ 발
자
국

해설 | 가로로 ①은 '비옷', ③은 '장난감', ⑤는 '나침반', ⑦은 '신발'입니다. 세로로 ②는 '옷장', ④는 '감나무', ⑥은 '반달', ⑧은 '발자국'입니다.

P단계 3주차_참 잘했어요 81

아하~ 알았어요

받아쓰기가 틀린 것을 바르게 고쳐 쓰고, 100점짜리 답안지를 만들어 주세요.

보기
① 꼳감 ➡ 곶감
2. 참혹 ➡ 참혹

시험지 채점하기 | 100점 만들기
1. 온짱 ➡ 1. 옷장
2. 곰책 ➡ 2. 곰책
3. 나문닢 ➡ 3. 나뭇잎
4. 넙따 ➡ 4. 넓다
5. 꼳봉 ➡ 5. 꽃봉

빈칸에 들어갈 알맞은 받침을 찾아 줄로 이어 보세요.

ㄹㅁ
ㄴㅈ

안다
닫다

쓰기가
문해력이다

P단계

4주차 정답과 해설

4주차

1회 가족과 관련된 낱말 쓰기

어떻게 쓸까요

☆ 가족을 부를 때 따라고 부르든지 가족 간의 관계를 나타내는 낱말을 바르게 써 봅니다.

✎ 가족과 관련된 낱말을 알아보고 따라 써 봅니다.

어머니 · 나 · 딸 · 아버지 · 아들 · 형제 · 자매

◆ 흐리게 쓴 글자를 따라 써 보세요.

삼촌 · 할아버지 · 할머니 · 며느리

가족과 관련된 낱말로 '남매', '누나', '형', '동생', '언니', '오빠', '외할아버지', '외할머니', '외삼촌' 등도 있습니다.

흐리게 쓴 글자를 따라 써 보세요.

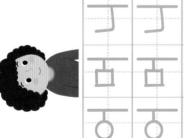
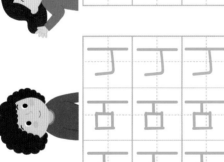

할머니 / 아버지

> TIP '어머니'의 아버지는 '외할아버지', '어머니'의 어머니는 '외할머니'라고 한다고 가족 관계를 설명해 주세요.

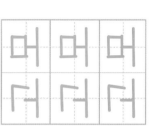

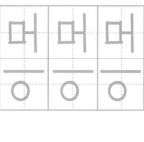

엄마 / 고모 / 삼촌

> TIP '어머니'의 여자 형제를 '이모'라고 합니다.

> TIP '아버지'의 여자 형제를 '고모'라고 합니다.

> TIP '삼촌'은 '아버지'의 형제를 이르는 말입니다.

이렇게 써 봐요

〈어떻게 쓸까요〉에서 배운 낱말을 낱말 소리 내어 서면으로 따라 써 보세요.

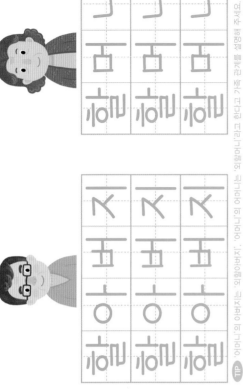

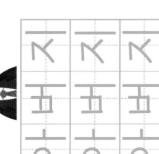

아버지 / 엄마 / 딸

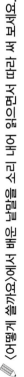

자매 / 오빠 / 아들

> TIP '자매'와 관련 있는 낱말로 '언니', '동생'이 있습니다.

> TIP '형제'와 관련 있는 낱말로 '형'과 '아우'가 있습니다.

> TIP '딸'과 '아들'을 '자녀'라고 합니다. 남동생과 관련 있는 낱말로 '오빠', '누나' 등이 있습니다.

흐리게 쓴 글자를 따라 써 보세요.

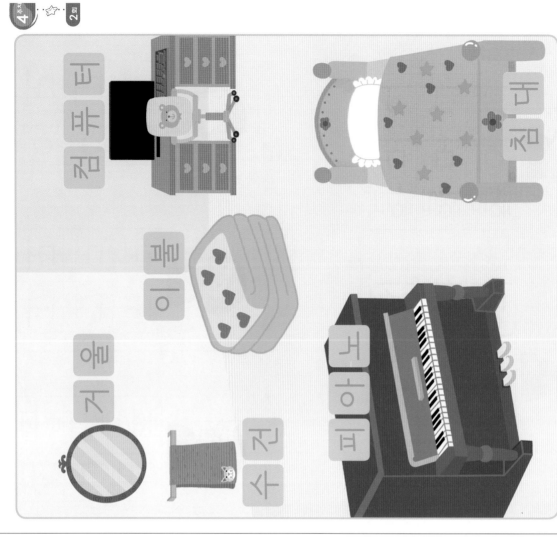

컴퓨터

침대

이불

거울

수건

피아노

기능이

'냉장고', '정수기', '청소기' 등 집 안에 있는 물건 이름을 찾아 말해 보고, 그 물건의 쓰임에 대해서도 이야기해 봅니다.

2회 집 안 물건과 관련된 낱말 쓰기

어떻게 쓸까요

☆ 집에서 흔히 볼 수 있거나 많이 사용하는 물건의 이름을 바르게 써 봅니다.

✏ 집 안 물건과 관련된 낱말을 읽어보고 따라 써 봅니다.

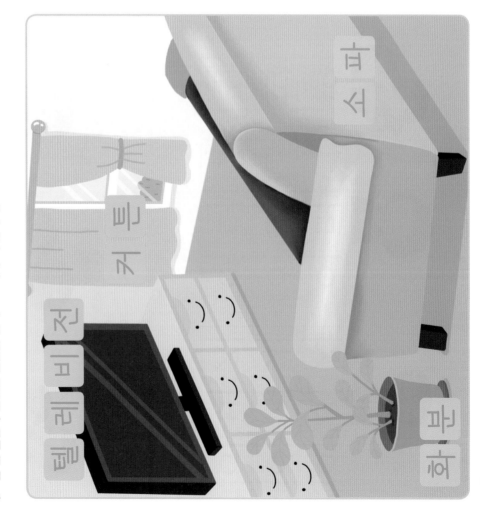

텔레비전

커튼

소파

화분

07 1단계 4주차 정답과 해설

🌸 흐리게 쓴 글자를 따라 써 보세요.

침대 / 침대 / 침대

TIP '침대'는 '이불'과 관련지어 '베개'도 알려 주세요.

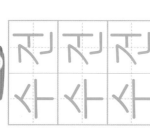

이불 / 이불 / 이불

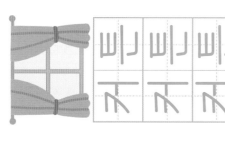

수건 / 수건 / 수건

컴퓨터 / 컴퓨터 / 컴퓨터

피아노 / 피아노 / 피아노

TIP '피아노'와 관련지어 '건반', '악기', '바이올린' 등으로 어휘 확장이 되도록 지도해 주세요.

이렇게 써 봐요

✏️ <어떻게 쓸까요>에서 배운 낱말을 소리 내어 읽으면서 따라 써 보세요.

커튼 / 커튼 / 커튼

TIP '커텐'이 아니고 '커튼'이 바른 표기입니다.

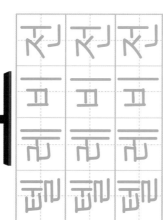

텔레비전 / 텔레비전 / 텔레비전

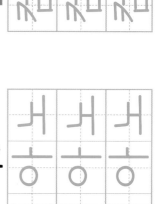

거울 / 거울 / 거울

소파 / 소파 / 소파

화분 / 화분 / 화분

TIP '화분'은 꽃을 심어 가꾸는 그릇을 뜻합니다.

❀ 바르게 쓴 글자를 따라 써 보세요.

종이접기

자전거

풀

축구

수영

기타이

'그네'와 함께 'X 놀이', '미끄럼틀' 등 다양한 놀이 기구와 어린이들이 좋아하는 놀이나 취미에 대해 이야기해 봅니다.

놀이, 취미와 관련된 낱말 쓰기

어떻게 쓸까요

☆ 우리가 가지고 노는 물건이나 놀이 활동의 이름을 바르게 써 봅니다.

✏ 놀이나 취미와 관련된 낱말을 읽어보고 따라 써 봅니다.

숨바꼭질

그네

줄넘기

수영놀이

✏ 흐리게 쓴 글자를 따라 써 보세요.

수	영
수	영
수	영

축	구
축	구
축	구

블	록
블	록
블	록

TIP '블럭'이 아니고 '블록' 이 바른 표기입니다.

TIP '야구', '농구', '배구', '탁구' 등 공을 사용하는 다양한 운동 경기도 함께 알려 주세요.

자	전	거
자	전	거
자	전	거

종	이	접	기
종	이	접	기
종	이	접	기

어휘력쑥쑥

〈어떻게 쓸까요〉에서 배운 낱말을 소리 내어 읽으며 따라 써 보세요.

줄	넘	기
줄	넘	기
줄	넘	기

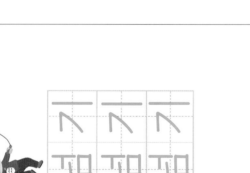

숨	바	꼭	질
숨	바	꼭	질
숨	바	꼭	질

TIP '숨바꼭질' 놀이를 다른 말로 '술래잡기'라고도 하고, '숨박꼭질'이라고도 합니다. '숨바꼭질'로 쓰지 않도록 주의합니다.

그	네
그	네
그	네

소	꿉	놀	이
소	꿉	놀	이
소	꿉	놀	이

TIP '소꿉놀이'가 아니고 '소꿉놀이'가 바른 표기입니다. 소꿉장난은 소꿉놀이를 하며 노는 장난을 말합니다.

4회 동네와 관련된 낱말 쓰기

어떻게 쓸까요

☆ 우리가 사는 동네에서 쉽게 찾아볼 수 있는 것의 이름을 바르게 써 봅니다.

✎ 우리 동네와 관련된 낱말을 알아보고 따라 써 봅니다.

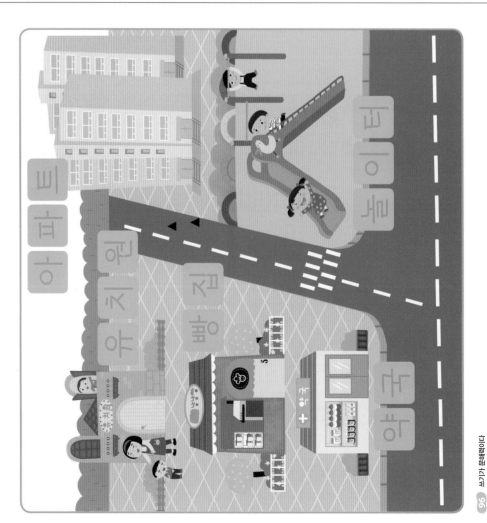

아파트
놀이터
유치원
빵집
약국

◆ 흐리게 쓴 글자를 따라 써 보세요.

미용실
슈퍼마켓
음식점
우체국

기동이

'편의점', '병원', '공원', '경찰서', '소방서' 등 동네와 관련된 낱말과 우리 동네의 특별한 자랑거리를 찾아 말해 봅니다.

정답과 해설

P단계 4주차

● 흐리게 쓴 글자를 따라 써 보세요.

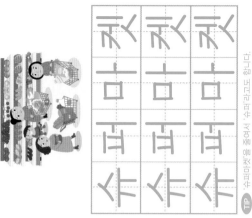

슈	퍼	마	켓
슈	퍼	마	켓
슈	퍼	마	켓

TIP '슈퍼마켓'을 줄여서 '슈퍼'라고도 합니다.

미	용	실
미	용	실
미	용	실

음	식	점
음	식	점
음	식	점

TIP 다양한 종류의 음식점을 예로 들어 지도해 주세요.

우	체	국
우	체	국
우	체	국

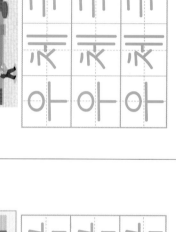

약	국
약	국
약	국

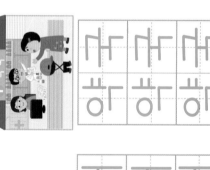

놀	이	터
놀	이	터
놀	이	터

빵	집
빵	집
빵	집

✏️ **이렇게 써요**

〈어떻게 쓸까요〉에서 배운 낱말을 소리 내어 읽으면서 따라 써 보세요.

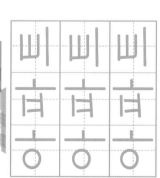

유	치	원
유	치	원
유	치	원

TIP '어린이집'도 '유치원'과 함께 알려 주세요.

아	파	트
아	파	트
아	파	트

흐리게 쓴 글자를 따라 써 보세요.

'가방', '학용품', '방학', '보건실' 등 유치원이나 학교와 관련된 낱말을 찾아 말해 봅니다.

기차야

5회 4주차

유치원, 학교와 관련된 낱말 쓰기

어떻게 쓸까요

☆ 유치원이나 학교생활과 관계있는 사람이나 물건, 장소 등의 이름을 바르게 써 봅니다.

✏️ 유치원, 학교와 관련된 낱말을 따라 써 봅니다.

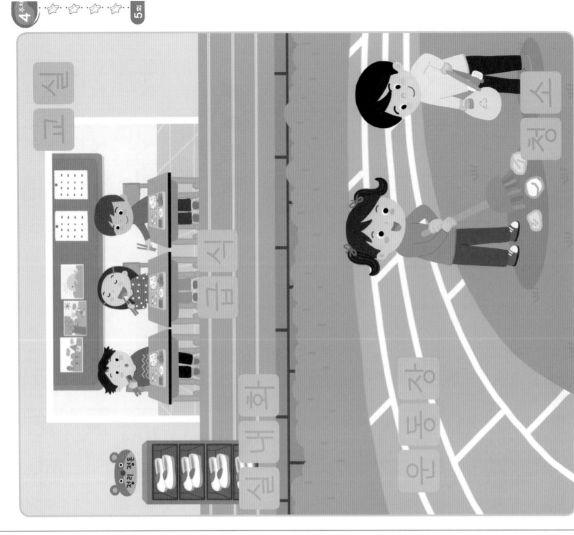

바르게 쓴 글자를 따라 써 보세요.

4주차 ☆☆☆☆☆ 5회

친	선	선
구	생	생

  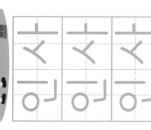

학	입
교	학

 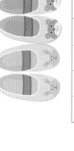

TIP '교실'에 있는 '칠판', '책상', '의자', '사물함' 등의 낱말도 지도해 주세요.

P단계 4주차_유치원, 학교와 관련된 낱말 쓰기 103

연필 쓰기

〈어떻게 쓸까요〉에서 배운 낱말을 소리 내어 읽으면서 따라 써 보세요.

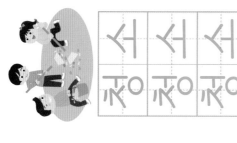

TIP 어린이들이 두 손을 배꼽 부분에 모으고 허리를 굽혀 하는 인사를 '배꼽 인사'라고 합니다.

TIP 짝을 이루는 친구를 '짝꿍'이라고 합니다.

TIP 졸업과 반대되는 낱말은 '입학'합니다.

쓰기가 문제없어이다 102

P단계 4주차 **47** 정답과 해설

참 잘했어요

그림 속에서 친구들이 갖고 싶은 물건, 하고 싶은 놀이, 말하는 장소를 찾아 ○표 해 보세요.

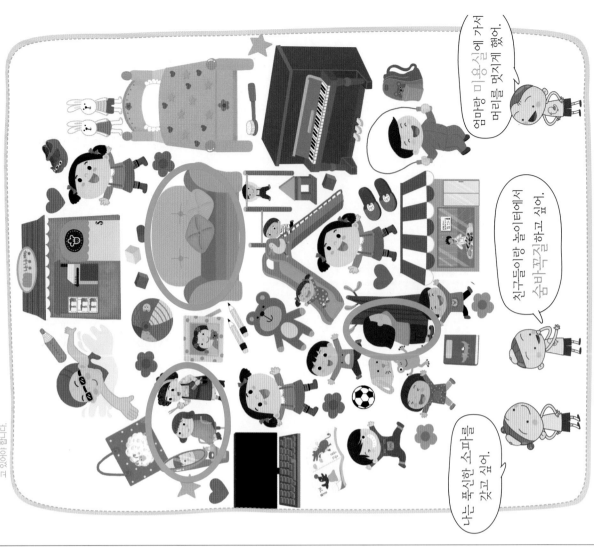

엄마랑 미용실에 가서 머리를 멋지게 했어.

친구들이랑 놀이터에서 숨바꼭질을 하고 싶어.

나는 푹신한 소파를 갖고 싶어.

해설 | 숨바꼭질은 여러 기운데서 한 아이가 술래가 되어 숨은 사람을 찾아내는 놀이입니다. 술래는 친구들이 숨을 때 나무나 기둥에 눈을 가리고 있어야 합니다.

아하~ 알았어요

받아쓰기가 틀린 것을 바르게 고쳐 쓰고, 100점짜리 답안지를 만들어 주세요.

시험지 채점하기

보기: ズ. 형제 → 형제

1. 삼춘
2. 우체국
3. 축구
4. 교실
5. 짝꿍

100점 만들기

보기: ② 자매 → 자매

1. 삼춘 →
2. 우체국 →
3. 축구 →
4. 교실 →
5. 짝꿍 →

해설 | '삼춘'이 바른 표기입니다. '짝꿍'이 바른 표기입니다.

퍼즐 조각을 맞추면 무엇이 나올지 빈칸에 써 보세요.

자 전 거

정답과 해설

3주차 〉 받침 있는 낱말과 두 낱말을 합하여 만든 낱말

| 무엇을 쓸까요 ? | 학습 계획일에 맞춰 꾸준히 글쓰기를 했나요 ? | 스스로 칭찬하는 말, 격려의 말 한마디를 써 봅니다 ! |

월 일

1회 쉬운 받침이 있는 낱말 쓰기 3
어떻게 쓸까요 ☺○ ☹○
이렇게 써 봐요 ☺○ ☹○

월 일

2회 쉬운 받침이 있는 낱말 쓰기 4
어떻게 쓸까요 ☺○ ☹○
이렇게 써 봐요 ☺○ ☹○

월 일

3회 어려운 받침이 있는 낱말 쓰기 1
어떻게 쓸까요 ☺○ ☹○
이렇게 써 봐요 ☺○ ☹○

월 일

4회 어려운 받침이 있는 낱말 쓰기 2
어떻게 쓸까요 ☺○ ☹○
이렇게 써 봐요 ☺○ ☹○

월 일

5회 두 낱말을 합하여 만든 낱말 쓰기
어떻게 쓸까요 ☺○ ☹○
이렇게 써 봐요 ☺○ ☹○

아하~ 알았어요! ☺ 예 ☹ 아니요   참~ 잘했어요! ☺ 예 ☹ 아니요

4주차 〉 주제별 관련 낱말

| 무엇을 쓸까요 ? | 학습 계획일에 맞춰 꾸준히 글쓰기를 했나요 ? | 스스로 칭찬하는 말, 격려의 말 한마디를 써 봅니다 ! |

월 일

1회 가족과 관련된 낱말 쓰기
어떻게 쓸까요 ☺○ ☹○
이렇게 써 봐요 ☺○ ☹○

월 일

2회 집 안 물건과 관련된 낱말 쓰기
어떻게 쓸까요 ☺○ ☹○
이렇게 써 봐요 ☺○ ☹○

월 일

3회 놀이, 취미와 관련된 낱말 쓰기
어떻게 쓸까요 ☺○ ☹○
이렇게 써 봐요 ☺○ ☹○

월 일

4회 동네와 관련된 낱말 쓰기
어떻게 쓸까요 ☺○ ☹○
이렇게 써 봐요 ☺○ ☹○

월 일

5회 유치원, 학교와 관련된 낱말 쓰기
어떻게 쓸까요 ☺○ ☹○
이렇게 써 봐요 ☺○ ☹○

아하~ 알았어요! ☺ 예 ☹ 아니요   참~ 잘했어요! ☺ 예 ☹ 아니요

3 주차 받침 있는 낱말과 두 낱말을 합하여 만든 낱말

동화 마을에 엄마 인형, 아이들 인형이 살고 있어요.
아이들 인형이 들고 있는 낱말을 합하면
엄마 인형이 들고 있는 낱말이 되네요.
두 낱말을 합하여 어떤 새로운 낱말이
만들어지는지 한번 살펴볼까요?

1회 쉬운 받침이 있는 낱말 쓰기 3
'ㄱ, ㄴ, ㄹ, ㅁ, ㅂ, ㅅ, ㅇ' 받침이 둘 이상 있는 두세 글자 낱말을 익히고 바르게 써 봅니다.

2회 쉬운 받침이 있는 낱말 쓰기 4
'ㄱ, ㄴ, ㄹ, ㅁ, ㅂ, ㅅ, ㅇ' 받침이 둘 이상 있는 두세 글자 낱말을 익히고 바르게 써 봅니다.

3회 어려운 받침이 있는 낱말 쓰기 1
'ㄷ, ㅈ, ㅊ, ㅋ, ㅌ, ㅍ, ㅎ, ㄲ' 받침이 있는 두세 글자 낱말을 익히고 바르게 써 봅니다.

4회 어려운 받침이 있는 낱말 쓰기 2
'ㄵ, ㄶ, ㄺ, ㄻ, ㄼ, ㄾ, ㅀ, ㅄ'처럼 서로 다른 두 개의 자음으로 이루어진 받침이 있는 낱말을 익히고 바르게 써 봅니다.

5회 두 낱말을 합하여 만든 낱말 쓰기
낱말 두 개를 합하여 만든 낱말을 익히고 바르게 써 봅니다.

4 주차 주제별 관련 낱말

한 가족이 동네 나들이를 갔네요.
이 골목 저 골목, 우리 동네에는 어떤 곳이 있을까요?
맛있는 음식을 먹으러 가는 걸까요?
예쁜 딸이 다니는 유치원에 가 보는 걸까요?
어디를 가는 것인지 우리 한번 따라가 볼까요?

1회 가족과 관련된 낱말 쓰기
가족을 부를 때 뭐라고 부르는지 가족 간의 관계를 나타내는 낱말을 바르게 써 봅니다.

2회 집 안 물건과 관련된 낱말 쓰기
집에서 흔히 볼 수 있거나 많이 사용하는 물건의 이름을 바르게 써 봅니다.

3회 놀이, 취미와 관련된 낱말 쓰기
우리가 가지고 노는 물건이나 놀이 활동의 이름을 바르게 써 봅니다.

4회 동네와 관련된 낱말 쓰기
우리가 사는 동네에서 쉽게 찾아볼 수 있는 것의 이름을 바르게 써 봅니다.

5회 유치원, 학교와 관련된 낱말 쓰기
유치원이나 학교생활과 관계있는 사람이나 물건, 장소 등의 이름을 바르게 써 봅니다.